U0504312

中外哲學典籍大全
總主編 李鐵映 王偉光
中國哲學典籍卷

春秋本例

經部春秋類

〔宋〕崔子方 著
侯倩 點校

中國社会科学出版社

圖書在版編目（CIP）數據

春秋本例／（宋）崔子方著；侯倩點校．—北京：中國社會科學出版社，2022.9

（中外哲學典籍大全．中國哲學典籍卷）

ISBN 978－7－5203－9880－0

Ⅰ．①春…　Ⅱ．①崔…②侯…　Ⅲ．①中國歷史—春秋時代—編年體②《春秋》—選集　Ⅳ．①K225.04

中國版本圖書館 CIP 數據核字（2022）第 040844 號

出 版 人　趙劍英
責任編輯　張　潜
責任校對　單　釗
責任印製　王　超

出　　版　中国社会科学出版社
社　　址　北京鼓樓西大街甲 158 號
郵　　編　100720
網　　址　http://www.csspw.cn
發 行 部　010－84083685
門 市 部　010－84029450
經　　銷　新華書店及其他書店

印　　刷　北京君昇印刷有限公司
裝　　訂　廊坊市廣陽區廣增裝訂廠
版　　次　2022 年 9 月第 1 版
印　　次　2022 年 9 月第 1 次印刷

開　　本　710×1000　1/16
印　　張　20
字　　數　236 千字
定　　價　98.00 元

中外哲學典籍大全

總序

中外哲學典籍大全的編纂，是一項既有時代價值又有歷史意義的重大工程。

中華民族經過了近一百八十年的艱苦奮鬥，迎來了中國近代以來最好的發展時期，迎來了奮力實現中華民族偉大復興的時期。中華民族衹有總結古今中外的一切思想成就，才能並肩世界歷史發展的大勢。爲此，我們須編纂一部匯集中外古今哲學典籍的經典集成，爲中華民族的偉大復興、爲人類命運共同體的建設、爲人類社會的進步，提供哲學思想的精粹。

哲學是思想的花朵，文明的靈魂，精神的王冠。一個國家、民族，要興旺發達，擁有光明的未來，就必須擁有精深的理論思維，擁有自己的哲學。哲學是推動社會變革和發展的理論力量，是激發人的精神砥石。哲學解放思維，净化心靈，照亮前行的道路。偉大的時代需要精邃的哲學。

一　哲學是智慧之學

哲學是什麼？這既是一個古老的問題，又是哲學永恒的話題。追問哲學是什麼，本身就是「哲學」問題。從哲學成爲思維的那一天起，哲學家們就在不停追問中發展、豐富哲學的篇章，給出一個又一個答案。每個時代的哲學家對這個問題都有自己的詮釋。哲學是什麼，是懸疑在人類智慧面前的永恒之問，這正是哲學之爲哲學的基本特點。

哲學是全部世界的觀念形態，精神本質。人類面臨的共同問題，是哲學研究的根本對象。本體論、認識論、世界觀、人生觀、價值觀、實踐論、方法論等，仍是哲學的基本問題和生命力所在！哲學研究的是世界萬物的根本性、本質性問題。人們可以給哲學做出許多具體定義，但我們可以嘗試用「遮詮」的方式描述哲學的一些特點，從而使人們加深對何爲哲學的認識。

哲學不是玄虛之觀。哲學來自人類實踐，關乎人生。哲學對現實存在的一切追根究底、「打破砂鍋問到底」。它不僅是問「是什麼」（being），而且主要是追問「爲什麼」（why），特别是追問「爲什麼的爲什麼」。它關注整個宇宙，關注整個人類的命運，關注人生。它關心柴米油鹽醬醋茶和人的生命的關係，關心人工智能對人類社會的挑戰。哲學是對一切實踐經驗的理論升華，它關心具體現象背後的根據，關心人類如何會更好。

哲學是在根本層面上追問自然、社會和人本身，以徹底的態度反思已有的觀念和認識，從價值理想出發把握生活的目標和歷史的趨勢，展示了人類理性思維的高度，凝結了民族進步的智慧，寄託了人們熱愛光明、追求真善美的情懷。道不遠人，人能弘道。哲學是把握世界、洞悉未來的學問，是思想解放、自由的大門！

古希臘的哲學家們被稱爲「望天者」，亞里士多德在《形而上學》一书中説，「最初人們通過好奇—驚贊來做哲學」。如果説知識源於好奇的話，那麼産生哲學的好奇心，必須是大好奇心。這種「大好奇心」衹爲一件「大事因緣」而來，所謂大事，就是天地之間一切事物的「爲什麼」。哲學精神，是「家事、國事、天下事，事事要問」，是一種永遠追問的精神。

哲學不衹是思維。哲學將思維本身作爲自己的研究對象，對思想本身進行反思。哲學不是一般的知識體系，而是把知識概念作爲研究的對象，追問「什麽才是知識的真正來源和根據」。哲學的「非對象性」的思想方式，不是「純形式」的推論原則，而有其「非對象性」之對象。哲學之對象乃是不斷追求真理，是一個理論與實踐兼而有之的過程，是認識的精粹。哲學追求真理的過程本身就顯現了哲學的本質。天地之浩瀚，變化之奧妙，正是哲思的玄妙之處。

哲學不是宣示絶對性的教義教條，哲學反對一切形式的絶對。哲學解放束縛，意味著從一切思想教條中解放人類自身。哲學給了我們徹底反思過去的思想自由，給了我們深刻洞察未來的思想能力。哲學就是解放之學，是聖火和利劍。

哲學不是一般的知識。哲學追求「大智慧」。佛教講「轉識成智」，識與智相當於知識與哲學的關係。一般知識是依據於具體認識對象而來的、有所依有所待的「識」，而哲學則是超越於具體對象之上的「智」。

公元前六世紀，中國的老子説，「大方無隅，大器晚成，大音希聲，大象無形，道隱無名。夫唯道，善貸且成」。又説，「反者道之動，弱者道之用。天下萬物生於有，有生於無」。對道的追求就是對有之爲有、無形無名的探究，就是對天地何以如此的探究。這種追求，使得哲學具有了天地之大用，具有了超越有形有名之有限經驗的大智慧。這種大智慧、大用途，超越一切限制的籬笆，達到趨向無限的解放能力。

哲學不是經驗科學，但又與經驗有聯繫。哲學從其作爲學問誕生起，就包含於科學形態之中，是以科學形態出現的。哲學是以理性的方式、概念的方式、論证的方式來思考宇宙人生的根本問題。在亞里士多德那裏，凡是研究實體（ousia）的學問，都叫作「哲學」。而「第一實體」則是存在者中的「第一個」。研究第一實體的學問稱爲「神學」，也就是「形而上學」，這正是後世所謂「哲學」。一般意義上的科學正是從「哲學」最初的意義上贏得自己最原初的規定性的。哲學雖然不是經驗科學，却爲科學劃定了意義的範圍、指明了方向。哲學最後必定指向宇宙人生的根本問題，大科學家的工作在深層意義上總是具有哲學的意味，牛頓和愛因斯坦就是這樣的典範。

哲學不是自然科學，也不是文學藝術，但在自然科學的前頭，哲學的道路展現了；在文學藝術的山頂，哲學的天梯出現了。哲學不斷地激發人的探索和創造精神，使人在認識世界的過程中，不斷達到新境界，在改造世界中從必然王國到達自由王國。

哲學不斷從最根本的問題再次出發。哲學史在一定意義上就是不斷重構新的世界觀、認識人類自身的歷史。哲學的歷史呈現，正是對哲學的創造本性的最好說明。哲學史上每一位哲學家對根本問題的思考，都在爲哲學添加新思維、新向度，猶如爲天籟山上不斷增添一隻隻黃鸝翠鳥。

如果說哲學是哲學史的連續展現中所具有的統一性特徵，那麼這種「一」是在「多」個哲學的創造中實現的。如果說每一種哲學體系都追求一種體系性的「一」的話，那麼每種「一」的體系之間都存在著千絲相聯、多方組合的關係。這正是哲學史昭示於我們的哲學多樣性的意義。多樣性與統一性的依存關係，正是哲學尋求現象與本質、具體與普遍相統一的辯證之意義。

哲學的追求是人類精神的自然趨向，是精神自由的花朵。哲學是思想的自由，是自由的思想。

中國哲學，是中華民族五千年文明傳統中，最爲内在的、最爲深刻的、最爲持久的精神追求和價值觀表達。中國哲學已經化爲中國人的思維方式、生活態度、道德準則、人生追求、精神境界。中國人的科學技術、倫理道德、小家大國、中醫藥學、詩歌文學、繪畫書法、武術拳法、鄉規民俗，乃至日常生活也都浸潤着中國哲學的精神。華夏文化雖歷經磨難而能够透魄醒神，堅韌屹立，正是來自於中國哲學深邃的思維和創造力。

先秦時代，老子、孔子、莊子、孫子、韓非子等諸子之間的百家争鳴，就是哲學精神在中國的展現，是中國人思想解放的第一次大爆發。兩漢四百多年的思想和制度，是諸子百家思想在争鳴過程中大整合的結果。魏晋之際，玄學的發生，則是儒道衝破各自藩籬，彼此互動互補的結果，形成了儒家獨尊的態勢。隋唐三百年，佛教深入中國文化，又一次帶來了思想的大融合和大解放，禪宗的形成就是這一融合和解放的結果。兩宋三百多年，中國哲學迎來了第三次大解放。儒釋道三教之間的互潤互持日趨深入，朱熹的理學和陸象山的心學，就是這一思想潮流的哲學結晶。

與古希臘哲學强調沉思和理論建構不同，中國哲學的旨趣在於實踐人文關懷，它更關注實踐的義理性意義。中國哲學當中，知與行從未分離，中國哲學有着深厚的實踐觀點和生活觀點，倫理道德觀是中國人的貢獻。馬克思説，「全部社會生活在本質上是實踐的」，實踐的觀點、生活的觀點也正是馬克思主義認識論的基本觀點。這種哲學上的契合性，正是馬克思主義能够在中國扎根並不斷中國化的哲學原因。

「實事求是」是中國的一句古話。今天已成爲深遂的哲理，成爲中國人的思維方式和行爲基準。實事求是就是解放思想，解放思想就是實事求是。實事求是毛澤東思想的精髓，是改革開放的基石。只有解放思想才能實事求是。實事求是就是中國人始終堅持的哲學思想。實事求是就是依靠自己，走自己的道路，反對一切絶對觀念。所謂中國化就是一切從中國實際出發，一切理論必須符合中國實際。

二　哲學的多樣性

實踐是人的存在形式，是哲學之母。實踐是思維的動力、源泉、價值、標準。人們認識世界、探索規律的根本目的是改造世界，完善自己。哲學問題的提出和回答，都離不開實踐。馬克思有句名言：「哲學家們只是用不同的方式解釋世界，而問題在於改變世界！」理論只有成爲人的精神智慧，才能成爲改變世界的力量。

哲學關心人類命運。時代的哲學，必定關心時代的命運。對時代命運的關心就是對人類實踐和命運的關心。人在實踐中產生的一切都具有現實性。哲學的實踐性必定帶來哲學的現實性。哲學的現實性就是强調人在不斷回答實踐中各種問題時應該具有的態度。

哲學作爲一門科學是現實的。哲學是一門回答並解釋現實的學問，哲學是人們聯繫實際、面對現實的思想。可以説哲學是現實的最本質的理論，也是本質的最現實的理論。哲學始終追問現實的發展和變化。哲學存在於實踐中，也必定在現實中發展。哲學的現實性要求我們直面實踐本身。

哲學不是簡單跟在實踐後面，成爲當下實踐的「奴僕」，而是以特有的深邃方式，關注着實踐的發展，提升人的實踐水平，爲社會實踐提供理論支撑。從直接的、急功近利的要求出發來理解和從事哲學，無異於向哲學提出它本身不可能完成的任務。哲學是深沉的反思，厚重的智慧，事物的抽象，理論的把握。哲學是人類把握世界最深邃的理論思維。

哲學是立足人的學問，是人用於理解世界、把握世界、改造世界的智慧之學。「民之所好，好之；民之所惠，惠之。」哲學的目的是爲了人。用哲學理解外在的世界，理解人本身，也是爲了用哲學改造世界、改造人。哲學研究無禁區，無終無界，與宇宙同在，與人類同在。

存在是多樣的，發展是多樣的，這是客觀世界的必然。宇宙萬物本身是多樣的存在，多樣的變化。歷史表明，每一民族的文化都有其獨特的價值。文化的多樣性是自然律，是動力，是生命力。各民族文化之間的相互借鑒，補充浸染，共同推動著人類社會的發展和繁榮，這是規律。對象的多樣性、複雜性，決定了哲學的多樣性；即使對同一事物，人們也會産生不同的哲學認識，形成不同的哲學派别。哲學觀點、思潮、流派及其表現形式上的區别，來自於哲學的時代性、地域性和民族性的差异。世界哲學是不同民族的哲學的薈萃，如中國哲學、西方哲學、阿拉伯哲學等。多樣性構成了世界，百花齊放形成了花園。不同的民族會有不同風格的哲學。恰恰是哲學的民族性，使不同的哲學都可以在世界舞臺上演繹出各種「戲劇」。即使有類似的哲學觀點，在實踐中的表達和運用也會各有特色。

人類的實踐是多方面的，具有多樣性、發展性，大體可以分爲：改造自然界的實踐，改造人類社會的實踐，完善人本身的實踐，提升人的精神世界的精神活動。人是實踐中的人，實踐是人的生命的第一屬性。實踐的社會性決定了哲學的社會性，哲學不是脱離社會現實生活的某種遐想，而是社會現實生活的觀念形態，是文明進步的重要標誌，是人的發展水平的重要維度。哲學的發展狀况，反映着一個社會人的理性成熟程度，反映著這個社會的文明程度。

哲學史實質上是自然史、社會史、人的發展史和人類思維史的總結和概括。自然界是多樣的，社會是多樣的，人類思維是多樣的。所謂哲學的多樣性，就是哲學基本觀念、理論學說、方法的異同，是哲學思維方式上的多姿多彩。哲學的多樣性是哲學的常態，是哲學進步、發展和繁榮的標誌。哲學是人的哲學，哲學是人對事物的自覺，是人對外界和自我認識的學問，也是人把握世界和自我的學問。哲學的多樣性，是哲學的常態和必然，是哲學發展和繁榮的內在動力。一般是普遍性，特色也是普遍性。從單一性到多樣性，從簡單性到複雜性，是哲學思維的一大變革。用一種哲學話語和方法否定另一種哲學話語和方法，這本身就不是哲學的態度。

多樣性並不否定共同性、統一性、普遍性。物質和精神，存在和意識，一切事物都是在運動、變化中的，是哲學的基本問題，也是我們的基本哲學觀點！

當今的世界如此紛繁複雜，哲學多樣性就是世界多樣性的反映。哲學是以觀念形態表現出的現實世界。哲學的多樣性，就是文明多樣性和人類歷史發展多樣性的表達。多樣性是宇宙之道。

哲學的實踐性、多樣性，還體現在哲學的時代性上。哲學總是特定時代精神的精華，是一定歷史條件下人的反思活動的理論形態。在不同的時代，哲學具有不同的內容和形式，哲學的多樣性，也是歷史時代多樣性的表達。哲學的多樣性也會讓我們能够更科學地理解不同歷史時代，更爲内在地理解歷史發展的道理。多樣性是歷史之道。

哲學之所以能發揮解放思想的作用，在於它始終關注實踐，關注現實的發展；在於它始終關注著科學技術的進步。哲學本身没有絶對空間，没有自在的世界，只能是客觀世界的映象，觀念形態。没有了現實性，哲學就遠離人，就離開了存在。哲學的實踐性，説到底是在説明哲學本質上是人的哲學，是人的思維，是爲了人的科學！哲學的實踐性、多樣性告訴我們，哲學必須百花齊放、百家争鳴。哲學的發展首先要解放自己，解放哲學，就是實現思維、觀念及範式的變革。人類發展也必須多途並進，交流互鑒，共同繁榮。采百花之粉，才能釀天下之蜜。

三　哲學與當代中國

中國自古以來就有思辨的傳統，中國思想史上的百家争鳴就是哲學繁榮的史象。哲學是歷史發展的號角。中國思想文化的每一次大躍升，都是哲學解放的結果。中國古代賢哲的思想傳承至今，他們的智慧已浸入中國人的精神境界和生命情懷。

中國共産黨人歷來重視哲學，毛澤東在一九三八年，在抗日戰爭最困難的條件下，在延安研究哲學，創作了實踐論和矛盾論，推動了中國革命的思想解放，成爲中國人民的精神力量。

中華民族的偉大復興必將迎來中國哲學的新發展。當代中國必須有自己的哲學，當代中國的哲學必須要從根本上講清楚中國道路的哲學道理。中華民族的偉大復興必須要有哲學的思維，必須要有不斷深入的反思。發展的道路，就是哲思的道路，文化的自信，就是哲學思維的自信。哲學是引領者，可謂永恒的「北斗」，哲學是時代的「火焰」，是時代最精緻最深刻的「光芒」。從社會變革的意義上説，任何一次巨大的社會變革，總是以理論思維爲先導。理論的變革，總是以思想觀念的空前解放爲前提，而「吹響」人類思想解放第一聲「號角」的，往往就是代表時代精神精華的哲學。社會實踐對於哲學的需求可謂「迫不及待」，因爲哲學總是「吹響」這個新時代的「號角」。「吹響」中國改革開放之

「號角」的，正是「解放思想」「實踐是檢驗真理的唯一標準」「不改革死路一條」等哲學觀念。「吹響」新時代「號角」的是「中國夢」，「人民對美好生活的向往，就是我們奮鬥的目標」。發展是人類社會永恒的動力，變革是社會解放的永遠的課題，思想解放，解放思想是無盡的哲思。中國正走在理論和實踐的雙重探索之路上，搞探索沒有哲學不成！

中國哲學的新發展，必須反映中國與世界最新的實踐成果，必須反映科學的最新成果，必須具有走向未來的思想力量。今天的中國人所面臨的歷史時代，是史無前例的。十三億人齊步邁向現代化，這是怎樣的一幅歷史畫卷！是何等壯麗、令人震撼！不僅中國歷史上亘古未有，在世界歷史上也從未有過。當今中國需要的哲學，是結合天道、地理、人德的哲學，是整合古今中西的哲學，只有這樣的哲學才是中華民族偉大復興的哲學。

當今中國需要的哲學，必須是適合中國的哲學。無論古今中外，再好的東西，也需要再吸收，再消化，必須要經過現代化和中國化，才能成爲今天中國自己的哲學。哲學是解放人的，哲學自身的發展也是一次思想解放，也是人的一个思維升華、羽化的過程。中國人的思想解放，總是隨著歷史不斷進行的。歷史有多長，思想解放的道路就有多長；發展進步是永恒的，思想解放也是永無止境的，思想解放就是哲學的解放。

習近平説，思想工作就是「引導人們更加全面客觀地認識當代中國、看待外部世界」。這就需要我們確立一種「知己知彼」的知識態度和理論立場，而哲學則是對文明價值核心最精練和最集中的深邃性表達，有助於我們認識中國、認識世界。立足中國、認識中國，需要我們審視我們走過的道路，立足中國、認識世界，需要我們觀察和借鑒世界歷史上的不同文化。中國「獨特的文化傳統」、中國「獨特的歷史命運」、中國「獨特的基本國情」，「決定了我們必然要走適合自己特點的發展道路」。一切現實的，存在的社會制度，其形態都是具體的，都是特色的，都必須是符合本國實際的。抽象的制度，普世的制度是不存在的。同時，我們要全面客觀地「看待外部世界」。研究古今中外的哲學，是中國認識世界、認識人類史，認識自己未來發展的必修課。今天中國的發展不僅要讀中國書，還要讀世界書。不僅要學習自然科學、社會科學的經典，更要學習哲學的經典。當前，中國正走在實現「中國夢」的「長征」路上，這也正是一條思想不斷解放的道路！要回答中國的問題，解釋中國的發展，首先需要哲學思維本身的解放。哲學的發展，就是哲學的解放，這是由哲學的實踐性、時代性所決定的。哲學無禁區、無疆界。哲學是關乎宇宙之精神，是關乎人類之思想。哲學將與宇宙、人類同在。

四　哲學典籍

中外哲學典籍大全的編纂，是要讓中國人能研究中外哲學經典，吸收人類精神思想的精華；是要提升我們的思維，讓中國人的思想更加理性、更加科學、更加智慧。

中國有盛世修典的傳統。中國古代有多部典籍類書（如「永樂大典」「四庫全書」等），在新時代編纂中外哲學典籍大全，是我們的歷史使命，是民族復興的重大思想工程。

只有學習和借鑒人類精神思想的成就，才能實現我們自己的發展，走向未來。中外哲學典籍大全的編纂，就是在思維層面上，在智慧境界中，繼承自己的精神文明，學習世界優秀文化。這是我們的必修課。

不同文化之間的交流、合作和友誼，必須達到哲學層面上的相互認同和借鑒。哲學之間的對話和傾聽，才是從心到心的交流。中外哲學典籍大全的編纂，就是在搭建心心相通的橋樑。

我們編纂這套哲學典籍大全，一是中國哲學，整理中國歷史上的思想典籍，濃縮中國思想史上的精華；二是外國哲學，主要是西方哲學，吸收外來，借鑒人類發展的優秀哲學成果；三是馬克思主義哲學，展示馬克思主義哲學中國化的成就；四是中國近現代以來的哲學成果，特別是馬克思主義在中國的發展。

編纂這部典籍大全，是哲學界早有的心願，也是哲學界的一份奉獻。中外哲學典籍大全總結的是書本上的思想，是先哲們的思維，是前人的足迹。我們希望把它們奉獻給後來人，使他們能够站在前人肩膀上，站在歷史岸邊看待自己。

中外哲學典籍大全的編纂，是以「知以藏往」的方式實現「神以知來」；中外哲學典籍大全的編纂，是通過對中外哲學歷史的「原始反終」，從人類共同面臨的根本大問題出發，在哲學生生不息的道路上，綵繪出人類文明進步的盛德大業！

發展的中國，既是一個政治、經濟大國，也是一個文化大國，也必將是一個哲學大國、思想王國。人類的精神文明成果是不分國界的，哲學的邊界是實踐，實踐的永恒性是哲學的永續綫性，打開胸懷擁抱人類文明成就，是一個民族和國家自强自立，始終佇立於人類文明潮頭的根本條件。

擁抱世界，擁抱未來，走向復興，構建中國人的世界觀、人生觀、價值觀、方法論，這是中國人的視野、情懷，也是中國哲學家的願望！

李鐵映

二〇一八年八月

「中國哲學典籍卷」

序

中國古無「哲學」之名，但如近代的王國維所説，「哲學爲中國固有之學」。「哲學」的譯名出自日本啓蒙學者西周，他在一八七四年出版的百一新論中説：「將論明天道人道，兼立教法的philosophy譯名爲哲學。」自「哲學」譯名的成立，「philosophy」或「哲學」就已有了東西方文化交融互鑒的性質。

「philosophy」在古希臘文化中的本義是「愛智」，而「哲學」的「哲」在中國古經書中的字義就是「智」或「大智」。孔子在臨終時慨嘆而歌：「泰山壞乎！梁柱摧乎！哲人萎乎！」（史記孔子世家）「哲人」在中國古經書中釋爲「賢智之人」，而在「哲學」譯名輸入中國後即可稱爲「哲學家」。

哲學是智慧之學，是關於宇宙和人生之根本問題的學問。對此，中西或中外哲學是共同的，因而哲學具有世界人類文化的普遍性。但是，正如世界各民族文化既有世界的普遍性，也有民族的特殊性，所以世界各民族哲學也具有不同的風格和特色。如果説「哲學」是個「共名」或「類稱」，那麽世界各民族哲學就是此類中不同的「特例」。這是哲學的普遍性與多樣性的統一。

在中國哲學中，關於宇宙的根本道理稱爲「天道」，關於人生的根本道理稱爲「人道」，中國哲學的一個貫穿始終的核心問題就是「究天人之際」。一般説來，天人關係問題是中外哲學普遍探索的問題，而中國哲學的「究天人之際」具有自身的特點。

亞里士多德曾説：「古今來人們開始哲學探索，都應起於對自然萬物的驚異……這類學術研究的開始，都在人生的必需品以及使人快樂安適的種種事物幾乎全都獲得了以後。」「這些知識最先出現於人們開始有閒暇的地方。」這是説的古希臘哲學的一個特點，是與當時古希臘的社會歷史發展階段及其貴族階層的生活方式相聯繫的。與此不同，中國哲學是產生於士人在社會大變動中的憂患意識，爲了求得社會的治理和人生的安頓，他們大多「席不暇暖」地周遊列國，宣傳自己的社會主張。這就决定了中國哲學在「究天人之際」

中首重「知人」，在先秦「百家争鳴」中的各主要流派都是「務爲治者也，直所從言之異路，有省不省耳」（史記太史公自序）。

中國哲學與其他民族哲學所不同者，還在於中國數千年文化一直生生不息而未嘗中斷，中國文化在世界歷史的「軸心時期」所實現的哲學突破也是采取了極温和的方式。這主要表現在孔子的「祖述堯舜，憲章文武」，删述六經，對中國上古的文化既有連續性的繼承，又經編纂和詮釋而有哲學思想的突破。因此，由孔子及其後學所編纂和詮釋的上古經書就以「先王之政典」的形式不僅保存下來，而且在此後中國文化的發展中居於統率的地位。

據近期出土的文獻資料，先秦儒家在戰國時期已有對「六經」的排列，「六經」作爲一個著作群受到儒家的高度重視。至漢武帝「罷黜百家，表章六經」，遂使「六經」以及儒家的經學確立了由國家意識形態認可的統率地位。漢書藝文志著録圖書，爲首的是「六藝略」，其次是「諸子略」「詩賦略」「兵書略」「數術略」和「方技略」，這就體現了以「六經」統率諸子學和其他學術。這種圖書分類經幾次調整，到了隋書經籍志乃正式形成「經、史、子、集」的四部分類，此後保持穩定而延續至清。

中國傳統文化有「四部」的圖書分類，也有對「義理之學」「考據之學」「辭章之學」和「經世之學」等的劃分，其中「義理之學」雖然近於「哲學」但並不等同。中國傳統文化沒有形成「哲學」以及近現代教育學科體制的分科，但是中國傳統文化確實固有其深邃的哲學思想，它表達了中華民族的世界觀、人生觀，體現了中華民族的思維方式、行爲準則，凝聚了中華民族最深沉、最持久的價值追求。

清代學者戴震説：「天人之道，經之大訓萃焉。」（原善卷上）經書和經學中講「天人之道」的「大訓」，就是中國傳統的哲學；不僅如此，在圖書分類的「子、史、集」中也有講「天人之道」的「大訓」，這些也是中國傳統的哲學。「究天人之際」的哲學主題是在中國文化上下幾千年的發展中，伴隨著歷史的進程而不斷深化、轉陳出新、持續探索的。

中國哲學首重「知人」，在天人關係中是以「知人」爲中心，以「安民」或「爲治」爲宗旨的。在記載中國上古文化的尚書皋陶謨中，就有了「知人則哲，能官人；安民則惠，黎民懷之」的表述。在論語中，「樊遲問仁，子曰：『愛人。』問知（智），子曰：『知人。』」（論語顔淵）「仁者愛人」是孔子思想中的最高道德範疇，其源頭可上溯到中國文化自上古以來就形成的崇尚道德的優秀傳統。孔子說：「未能事人，焉能事鬼？」「未知生，焉知死？」（論語先進）「務民之義，敬鬼神而遠之，可謂知矣。」（論語雍也）「智者知人」，在孔子的思想中雖然保留了對「天」和鬼神的敬畏，但他的主要關注點是現世的人生，是「仁者愛人」「天下有道」的價值取向，由此確立了中國哲學以「知人」爲中心的思想範式。西方現代哲學家雅斯貝爾斯在大哲學家一書中把蘇格拉底、佛陀、孔子和耶穌作爲「思想範式的創造者」，而孔子思想的特點就是「要在世間建立一種人道的秩序」，「在現世的可能性之中」，孔子「希望建立一個新世界」。

中國上古時期把「天」或「上帝」作爲最高的信仰對象，這種信仰也有其宗教的特殊性。如梁啓超所說：「各國之尊天者，常崇之於萬有之外，而中國則常納之於人事之中，此吾中華所特長也。……其尊天也，目的不在天國而在世界，受用不在未來（來世）而在現在（現世）。是故人倫亦稱天倫，人道亦稱天道。記曰：『善言天者必有驗於人。』此所以雖近於宗教，而與他國之宗教自殊科也。」由於中國上古文化所信仰的「天」不是存在於與人世生活相隔絕的「彼岸世界」，而是與地相聯繫（中庸所謂「郊社之禮，所以事上帝也」，朱熹中庸章句注：「郊，祀天；社，祭地。不言后土者，省文也。」），具有道德的、以民爲本的特點（尚書所謂「皇天無親，惟德是輔」，「天視自我民視，天聽自我民聽」，「民之所欲，天必從之」），所以這種特殊的宗教性也長期地影響著中國哲學對天人關係的認識。相傳「人更三聖，世經三古」的易經，其本爲卜筮之書，但經孔子「觀其德義而已」之後，則成爲講天人關係的哲理之書。四庫全书總目易類序說：「聖人覺世牖民，大抵因事以寓教……易則寓於卜筮。故易之爲書，推天道以明人事者也。」不僅易經是如此，而且以後中國哲學的普遍架構就是「推天道以明人事」。

春秋末期，與孔子同時而比他年長的老子，原創性地提出了「有物混成，先天地生」（老子二十五章），天地並非固有的，在天地產生之前有「道」存在，「道」是產生天地萬物的總根源和總根據。「道」內在於天地萬物之中就是「德」，「孔德之容，惟道是從」（老子二十一章），「道」與「德」是統一的。老子說：「道生之，德畜之，物形之，勢成之。是以萬物莫不尊道而貴德。道之尊，德之貴，夫莫之命而常自然。」（老子五十一章）老子的價值主張是「自然無爲」，而「自然無爲」的天道根據就是「道生之，德畜之……是以萬物莫不尊道而貴德」。老子所講的「德」實即相當於「性」，孔子所罕言的「性與天道」，在老子哲學中就是講「道」與「德」的形而上學。實際上，老子哲學確立了中國哲學「性與天道合一」的思想，而他從「道」與「德」推出「自然無爲」的價值主張，這就成爲以後中國哲學「推天道以明人事」普遍架構的一個典範。雅斯貝爾斯在大哲學家一書中把老子列入「原創性形而上學家」，他說：「從世界歷史來看，老子的偉大是同中國的精神結合在一起的。」他評價孔、老關係時說：「雖然兩位大師放眼於相反的方向，但他們實際上立足於同一基礎之上。兩者間的統一在中國的偉大人物身上則一再得到體現……」這裏所謂「中國的精神」「立足於同一基礎之上」，就是說孔子和老子的哲學都是爲了解決現實生活中的問題，都是「務爲治者也」。

在老子哲學之後，中庸說：「天命之謂性」，「思知人，不可以不知天」。孟子說：「盡其心者知其性也，知其性則知天矣。」（孟子盡心上）此後的中國哲學家雖然對天道和人性有不同的認識，但大抵都是講人性源於天道，知天是爲了知人。一直到宋明理學家講「天者理也」，「性即理也」，「性與天道合一存乎誠」。作爲宋明理學之開山著作的周敦頤太極圖説，是從「無極而太極」講起，至「形既生矣，神發知矣，五性感動而善惡分，萬事出矣」，這就是從天道講到人事，而其歸結爲「聖人定之以中正仁義而主静，立人極焉」，這就是從天道、人性推出人事應該如何，「立人極」就是要確立人事的價值準則。可以説，中國哲學的「推天道以明人事」最終指向的是人生的價值觀，這也就是要「爲天地立心，爲生民立命，爲往聖繼絶學，爲萬世開太平」。在作爲中國哲學主流的儒家哲學中，價值觀又是與道德修養的工夫論和道德境界相聯繫。因此，天人合一、真善合一、知行合一成爲中國哲學的主要特點。

中國哲學經歷了不同的歷史發展階段，從先秦時期的諸子百家争鳴，到漢代以後的儒家經學獨尊，而實際上是儒道互補，至魏晋玄學乃是儒道互補的一個結晶；在南北朝時期逐漸形成儒、釋、道三教鼎立，從印度傳來的佛教逐漸適應中國文化的生態環境，至隋唐時期完成中國化的過程而成爲中國文化的一個有機組成部分；宋明理學則是吸收了佛、道二教的思想因素，返而歸於「六經」，又創建了論語孟子大學中庸的「四書」體系，建構了以「理、氣、心、性」爲核心範疇的新儒學。因此，中國哲學不僅具有自身的特點，而且具有不同發展階段和不同學派思想内容的豐富性。

一八四〇年之後，中國面臨着「數千年未有之變局」，中國文化進入了近現代轉型的時期。在甲午戰敗之後的一八九五年，「哲學」的譯名出現在黄遵憲的日本國志和鄭觀應的盛世危言（十四卷本）中。此後，「哲學」以一個學科的形式，以哲學的「獨立之精神，自由之思想」推動了中華民族的思想解放和改革開放，中、外哲學會聚於中國，中、外哲學的交流互鑒使中國哲學的發展呈現出新的形態，馬克思主義哲學在與中國的歷史文化傳統、中國具體的革命和建設實踐相結合的過程中不斷中國化而産生新的理論成果。中華民族的偉大復興必將迎來中國哲學的新發展，在此之際，編纂中外哲學典籍大全，中國哲學典籍第一次與外國哲學典籍會聚於此大全中，這是中國盛世修典史上的一個首創，對於今後中國哲學的發展、對於中華民族的偉大復興具有重要的意義。

李存山

二〇一八年八月

「中國哲學典籍卷」

出版前言

社會的發展需要哲學智慧的指引。在中國浩如煙海的文獻中，哲學典籍占據著重要地位，指引著中華民族在歷史的浪潮中前行。這些凝練著古聖先賢智慧的哲學典籍，在新時代仍然熠熠生輝。

收入我社「中國哲學典籍卷」的書目，是最新整理成果的首次發布，按照内容和年代分爲以下幾類：先秦子書類、兩漢魏晋隋唐哲學類、佛道教哲學類、宋元明清哲學類、近現代哲學類、經部（易類、書類、禮類、春秋類、孝經類）等，其中以經學類占多數。本次整理皆選取各書存世的善本爲底本，制訂校勘記撰寫的基本原則以確保校勘品質。全套書采用繁體豎排加專名綫的古籍版式，嚴守古籍整理出版規範，並請相關領域專家多次審稿，整理者反復修訂完善，旨在匯集保存中國哲學典籍文獻，同時也爲古籍研究者和愛好者提供研習的文本。

文化自信是一個國家、一個民族發展中更基本、更深沉、更持久的力量。對中國哲學典籍進行整理出版，是文化創新的題中應有之義。中國社會科學出版社秉持「傳文明薪火，發時代先聲」的發展理念，歷來重視中華優秀傳統文化的研究和出版。「中國哲學典籍卷」樣稿已在二〇一八年世界哲學大會、二〇一九年北京國際書展等重要圖書會展亮相，贏得了與會學者的高度贊賞和期待。

點校者、審稿專家、編校人員等爲叢書的出版付出了大量的時間與精力，在此一併致謝。由於水準有限，書中難免有一些不當之處，敬請讀者批評指正。

趙劍英

二〇二〇年八月

本書點校説明

春秋本例二十卷，北宋崔子方撰。

崔子方，字彦直，又字伯直，號西疇居士，北宋涪州涪陵（今重慶市涪陵區）人。子方與黄庭堅相友善，黄庭堅在送徐德郊一文中，特地提醒徐氏「六合有佳士曰崔彦直，其人不游諸公，德郊可因公事，攜此文請之」，且囑其有疑事不能決斷的時候，也可以去求教，從中可見黄庭堅對崔子方的稱許。

崔子方治學，專守春秋一經。時王安石用事，不喜春秋，詆爲「斷爛朝報」，正經三傳，不列學官。紹聖間，再次取消了春秋取士。崔子方多次上書，請求恢復，不報，於是便不再應進士科，隱居于真州六合（今南京市六合區），杜門著述三十餘年，世稱「東川布衣」。能詩，五言如「渺渺連江雨，微微到面風」，「白日行空闊，青燈耿夜闌」，沖和淡遠，穆然有古儒之風，雪浪齋日記且評後聯爲宋人佳句。

崔子方的春秋學，以例説經，在當世已難逢知音，誠如晁説之所言：「世莫知其爲人」。唯江端禮一見而定交，曰：「此吾之所學也，願與子共之。」於是便爲其延譽，子方由是知名。有一次，徐積問江端禮：「崔子方秀才何如人？」江端禮回答：「與人不苟合，議論亦如此。」徐積聽了很是高興，説：「不必論其他，只『不苟合』三字，可知其所守之正。」建炎以來繫年要録也説他「剛介有守，雖衣食不足，而志氣裕然。」從中皆可見宋人對崔子方持身之嚴的敬重。崔子方去世後，江端友上書，請往湖州訪求崔氏遺著，於是取其春秋學著作，入藏秘書監。

按照傳統經學的理路，春秋是經世之書，其言彌微，其旨彌顯，善讀者屬辭比事，乃能辨惑崇德，從中發現微言大義的光輝。崔子方之春秋學，近於穀梁家一派，清儒柳興恩穀梁大義述便將其著録於「述經師」一卷之中。但他實際上又不主一家，認爲左氏失之淺、公羊失之險、穀梁失之迂，故於公羊、穀梁已稱詳密的日月之例，更求詳於公、穀之外，又不盡用公、穀之義。由於文獻不足徵，我們今天已難考知崔子方春秋學在當世的學術影響，不過陸佃答崔子方秀才書仍存留了兩人論學的大旨。陸佃曾受經於王安石，與崔子方並無交臂之新、識面之舊，崔子方致書與論春秋，大約其中頗有商榷之語。崔氏之函失傳，陸佃所言「設方立例，不可以一方求，亦不可以多方得」，「春秋無達例，要在變而通之」，很可能是針對崔子方學術觀點而進行的反撥。

崔子方傳世有春秋學著述三種，分別是春秋經解、春秋本例、春秋例要。春秋經解十二卷，首有崔子方自序兩篇，後附朱震訪求遺書劄子二道。春秋例要一卷，本已湮佚，四庫館臣從永樂大典中裒輯成編，又取黄氏日鈔補大典之闕，董爲例要一卷。春秋本例二十卷，首有崔子方自序一篇，卷一爲例目，後則分卷以比例。該書有宋刻善本傳世，藏上海圖書館，中華再造善本曾據以影印。另有納蘭容若通志堂經解本、文淵閣四庫全書本。通志堂經解本覆核三傳，於宋本之訛多有校訂，然也產生了一些新的錯誤。書首有納蘭容若序文一篇，與朱彝尊曝書亭集卷三四涪陵崔氏春秋本例序略同，蓋納蘭氏據竹垞之文而更爲點潤。文淵閣四庫全書本多有忌諱徑改之處，比如將「夷狄」改爲「外域」，將「中國」改爲「諸國」，並不精善。

崔子方春秋本例有著經世的追求，辨三傳之是非，專以日月爲例。其得其失，書末附録陳振孫、紀昀、納蘭容若、朱彝尊、周中孚之序跋解題，多有申説，可以參看。總體而言，主古文經一派的學者，對本例的批評頗酷，大抵謂其膠柱鼓瑟，間參臆説，故發例此通而彼礙，左支而右絀，與趙汸春秋屬辭略同。而主今文經一派的學者，則很推重其書之創見，如皮錫瑞便許曰「能成一家之言」，清陳立公羊義疏、鍾文烝春秋穀梁經傳補注，更是屢引本例之説。

此次點校，以中華再造善本影印上海圖書館藏宋刻本爲底本，校以通志堂經解本，偶參文淵閣四庫全書本。凡宋本避諱字如「桓」「完」「徵」「泓」等缺末筆，悉改。凡同字異形者，通改爲標準繁體字，如「槩」改「概」，「朞」改「期」，「刼」改「劫」，「叚」改「段」。書末附録有關文獻五則，以供學界參考。整理本當有掃葉未盡之處，敬希讀者教正。

侯倩

二〇一八年六月

目録

附録……二六六

西疇居士春秋本例序

春秋之法，以爲天下有中外，侯國有大小，位有尊卑，情有疏戚，不可得而齊也。是故詳中夏而略夷狄[一]，詳大國而略小國，詳内而略外，詳君而略臣，此春秋之義而日月之例所從生也。著日以爲詳，著時以爲略，又以詳略之中而著月焉，此例之常也。然而事固有輕重矣，安可不詳所重而略所輕乎？其概所重者日，其次者月，又其次者時，此亦易明爾。然而以事之輕重，錯於大小、尊卑、疏戚之間，又有變例以爲言者，此日月之例至於參差不齊，而後世之論所以不能合也。今考之春秋之法，權事之輕重而著爲

[一]「夷狄」，四庫本作「外域」，蓋館臣所改。

之例，分其類而條次之，可以具見而不疑。若夫事有疑於其例者，則備論焉。且嘗論聖人之書，編年以爲體，舉時以爲名，著日月以爲例。春秋固有例也，而日月之例，蓋其本也，故號「本例」。嗚呼！學者苟通乎此，則於春秋之義，斯過半矣。

西疇居士春秋本例卷第一

涪陵崔氏

例目

王　門

例日凡三

師敗　崩　葬

例月凡四

居　入　狩　殺其弟

王后門王姬附

例日凡一

卒王姬

例月凡三

逆王后　王后歸　王姬歸

例時凡一

内逆王姬

王臣門

例日凡一

卒

例月凡五

立　奔　救　殺　葬

例時凡三

來　來求　來聘

凡王事門

例月凡七

王室亂　來聘　錫命　歸脤　歸賵　使求　會葬

公　門

例日凡七

即位　朝　盟　孫　喪至　薨　葬

例月凡二十五

會 如 至 在 居 還 復 次 遇 至 以 城 侵 伐 圍 取 追 救 納

狩 觀 視 平國 成亂 釋諸侯

子 門

例日凡二

生 卒

夫人門

例日凡六

入 致 孫 喪至 薨 葬

例月凡八

公納幣　公逆女　姑逆婦　大夫逆女　至　大夫以夫人至　歸　饗

例時凡六

會　如　至　大夫納幣　諸侯逆女　大夫宗婦覿

内女門

例日凡一

卒

例月凡四

大夫爲君逆　歸　執　葬

例時凡十二

來納幣　大夫自逆　致女　來媵　來　來歸　復歸　遇　逆婦　求婦　朝子　逆喪

内大夫門

例日凡三

奔　刺　卒

例月凡二

盟　執

例時凡二十五

涖盟　會　如　至　來　來歸　還　復　逆　媵　告糴　乞師　隳〔二〕邑　疆田　城

入邑　侵　伐　圍　取　救　次　戍　歸喪　如葬

〔二〕四庫本作「墮」

宗廟郊祭門

例日凡十一

立宫　作主　郊　禘　大事　烝　嘗　有事　繹　從祀　納鼎

例月凡五

考宫獻羽　卜郊　用牲于社　不告月猶朝廟　屋壞

例時凡二

丹楹　刻桷

内戎事門

例日凡五

戰　敗　治兵　大閲　焚邑

例月凡三

作軍　舍軍　作甲

凡内事門

例月凡三

諸侯來盟　肆眚　邑潰

例時凡四十九

來盟　來朝　來聘　來會　來唁　來言　來求　來輸平　胥命　凡來　以來　逃來

來獻捷　來歸俘　來歸襚　來奔喪　來會葬　侵我　伐我　圍内邑　入内邑　取内邑

取内田　内入邑　内取邑　内取田　歸内田　假田　税畝　田賦　蒐　狩　乞師

來乞師　平　戍　次　師救　師圍　師還　歸　城　築　作　浚　毁　竊　得　取殺

凡外事門

例日凡十一

戰　敗　入　滅　國滅以君歸　國君滅　誘殺國君　盜弑國君　執國君用之　弑君　卒

例月凡十七

諸侯盟　立君　執國君　釋國君　獲國君　國君奔　國君歸　國君入　敗小國　入小國　滅小國　戕國君　國遷　國潰　亡　克　葬

例時凡四十七

諸侯會　大夫盟　大夫會　相如　如會　如師　乞盟　平　還　次　遇　以　逃歸　大去　小國君奔　小國君入　小國君歸　執小國君　大夫奔　大夫歸　大夫入　叛　殺世子　殺君之子　執世子用之　殺大夫　盜殺大夫　獲大夫　執大夫　放大夫　討賊　侵

伐　圍　取　救　納　降　戍　襲　殲　棄師　取師　遷邑　入郛　城　小國葬

戎狄門

例月凡八

公與盟　滅中國　入中國　敗中國　爲中國滅　國滅以君歸　弑君　卒

例時凡十六

中國與盟　中國與戰　爲中國敗　爲中國侵　爲中國伐　爲中國圍　侵中國　伐中國

圍中國　救中國　執歸　誘殺　相滅　相入　相敗　相伐

内災異門

例日凡六

日食　地震　震電　山崩　星變　災

例月凡二

雨雪　隕霜

例時凡十二

有年　無麥禾　李梅實　大水　旱　饑　有蜚　有蜮　多麋　有鸜鵒　蝝生　獲麟

不著例凡八

星孛　雹　無冰　雨木冰　螟　螽　雩　不雨

外災異門凡一

災

例時凡七

大災　火　山崩　大水　雨螽　隕石　鶂退飛

西疇居士春秋本例卷第二

涪陵崔氏

王門

例日

師敗

成元年秋，王師敗績于茅戎。以時志而知例日者，春秋以軍事爲重，故凡戰敗，例皆日。則王師之敗，固當日矣。王者之師，天下莫敢校，今戎夷乃能敗之〔二〕，春秋深惡焉，故其詞使若王師自敗于彼云爾，又特略其事而以時志也。

〔二〕「戎夷」，通志堂經解本作「戎狄」，四庫本作「茅戎」。

崩

右一變例。

隱三年三月庚戌，天王崩。

桓十五年春三月乙未，天王崩。

僖八年冬十有一月丁未，天王崩。

文八年秋八月戊申，天王崩。

宣二年冬十月乙亥，天王崩。

成五年冬十有一月己酉，天王崩。

襄元年秋九月辛酉，天王崩。

襄二十八年冬十有二月甲寅，天王崩。

昭二十二年夏四月乙丑，天王崩。

右九著例。

葬

莊三年夏五月，葬桓王。其不日，蓋譏也。譏不及禮而葬也。

文九年春二月辛丑，葬襄王。

宣三年春王正月，葬匡王。

襄二年春王正月，葬簡王。

昭二十二年夏六月，葬景王。

右五，著例一，變例四。五書葬，其不及禮者四，何其失禮多耶！且凡葬，皆以内往葬爲詞，春秋九書王崩而書葬五，則内之不赴葬者凡四也。以天子之葬，而諸侯不往會者如此之多，則宜其不及禮者亦多也。有以見王室之微矣。

例月

居

僖二十四年冬，天王出居于鄭。王者無外，然則天王之出，見不能乎其家而出也。其曰出，失内之辭爾，然於外猶得其所居焉，故曰「天王出居于鄭」也。夫貴爲天子，而不能容其母弟，以得罪于母，亦甚矣，故春秋盡其辭，且不月以見譏。

昭二十二年六月，劉子、單子以王猛居于皇。王猛非正，例不月。此承葬景王月。

昭二十三年秋七月，天王居于狄泉。

右三，著例一，其變例二。

入

昭二十二年秋，劉子、單子以王猛入于王城。入王城不月，知居于皇亦不月者也。居入不月，然後知王猛之非正而春秋譏矣。

昭二十六年冬十月，天王入于成周。

右二，著例一，其變例一。

狩

僖二十八年冬，天王狩于河陽。溫，河陽之邑也。晉文始霸，會諸侯于溫，而王適於是時爲河陽之狩，蓋王實畏晉，欲來會之，故假狩事以行耳。春秋不月王之行，所以見譏，而三家皆謂再致天王，諱之，似誤矣。詳具經解。

右一變例。

殺

襄三十年五月，天王殺其弟佞夫。

右一著例。

王后門王姬附

例日

莊二年秋七月，齊王姬卒。

卒

右一。王后外夫人卒、葬皆不書王姬，由魯嫁猶内女，且來赴，故卒之也。死人之重事，例皆日，然不以是爲譏。王姬不日卒，蓋闕也。凡薨、卒有不日者，皆類此。

例月

逆王后

桓八年冬十月，祭公來遂，逆王后于紀。承雨雪月。

襄十五年二月，劉夏逆王后于齊。承盟月。王后，天下之母，而使士逆。士賤，非所以逆王后也。故不月以見之。詳具經解。

右二變例。

王后歸

桓九年春，紀季姜歸于京師。自紀言之，猶略也。

右一變例。

王姬歸

莊元年冬十月，王姬歸于齊。承陳侯卒月。

莊十一年冬，王姬歸于齊。

右二變例。内女歸，例月，知王姬歸亦例月矣。王姬歸不書，主我故書。齊魯，仇讎之國，而爲之主婚姻，雖有天子之命，可以辭矣，故不月以見譏。

例時

逆王姬

莊元年夏，單伯逆王姬。齊魯，仇讎之國，而爲之主婚姻，雖有天子之命，可以辭矣，故不月以見譏。逆王姬例月。

右一變例。

王臣門

例日

卒

隱三年夏四月辛卯，尹氏卒。

文三年夏五月，王子虎卒。

昭二十二年冬十月，王子猛卒。

定四年秋七月，劉卷卒。

右四，著例一，其失日三。

例月

立

昭二十四年秋七月[一]，尹氏立王子朝。

右一著例。

奔

成十二年春，周公出奔晉。凡自周無出。周公之出，不能乎其國而出也[二]。周公有國於王畿矣，故特從小國例而不月。不月，然後知周公不能乎其國而出明矣。

襄三十年五月，王子瑕奔晉。

昭二十六年冬十月，尹氏、召伯、毛伯以王子朝奔楚。

[一]「昭二十四年」，通志堂經解本作「昭二十三年」。

[二]「乎」，通志堂經解本作「平」。

右三，著例二，其變例一。

救

莊六年春王正月，王人子突救衛。救例時，善其能救衛也，故詳志而月之也。

右一著例。

殺

宣十五年六月，王扎子殺召伯、毛伯。

右一著例。

葬

定四年秋七月，葬劉文公。

右一著例。

例時

來

隱元年冬十有二月，祭伯來。爲天子之大夫，而私覿諸侯，罪矣，故月之以見譏。凡來例時。

右一著例。

來求

隱三年秋，武氏子來求賻。

文九年春，毛伯來求金。

右二著例。

來聘

莊二十三年春，祭叔來聘。

右一著例。

凡王事門

例月

王室亂

昭二十二年六月，王室亂。

右一著例。

使來聘

隱七年冬，天王使凡伯來聘。

隱九年春，天王使南季來聘。

桓四年夏，天王使宰渠伯糾來聘。

桓五年冬，天王使仍叔之子來聘。

桓八年春正月，天王使家父來聘。承烝月。

僖三十年冬，天王使宰周公來聘。

宣十年秋，天王使王季子來聘。

右七變例。以時志而知例月者，春秋之例，以尊卑爲詳略，故凡王事未有不月者。其不月，志者譏也。周官時聘以諭諸侯之志，則王使來聘蓋可也。然終春秋之世，周之聘魯者七，而魯之臣如京師者五，見周之所以交魯之禮厚，而魯之所以事周之禮薄，而上下皆失之矣。春秋之所不與，故於內之如京師者不言聘，而於王使來聘，則去月以見譏。

錫命

莊元年冬十月，王使榮叔來錫桓公命。

文元年夏四月，天王使毛伯來錫公命。

成八年秋七月，天子使召伯來錫公命。

右三著例。

歸脤

定十四年秋，天王使石尚來歸脤。周官歸脤以交諸侯之福，則王使歸脤，蓋可也，用見周之交魯之禮厚，而魯之所以事周之禮薄，而上下皆失之矣。春秋之所不與，故猶不月以見譏。與來聘不月同例。

右一變例。

歸賵

隱元年秋七月，天王使宰咺來歸惠公仲子之賵。

文五年春王正月，王使榮叔歸含且賵。

右二著例。

使求

桓十五年春二月，天王使家父來求車。

右一著例。

會葬

文元年二月，天王使叔服來會葬。

文五年三月，王使召伯來會葬。

右二著例。

西疇居士春秋本例卷第三

涪陵崔氏

公　門

例日

即位

桓元年春王正月，公即位。

文元年春王正月，公即位。

宣元年春王正月，公即位。

成元年春王正月，公即位。

襄元年春王正月，公即位。

昭元年春王正月，公即位。

定元年六月戊辰，公即位。

哀元年春王正月，公即位。

右八，著例一，其變例七。七以月志，而知例日者，内之重事，例當日也。凡君薨，子繼，於是即位。然則即位當在先君之年，嫌一年而二君，故於嗣君之年正月書之，追治之也。見即位者，嗣君之始焉爾。追治之事，不可以日志也，定公則異是矣，故以日即位。日即位，其例也。

朝

僖二十八年五月癸丑，公朝于王所。

是年冬壬申，公朝于王所。有日無月，蓋月闕。

右二著例。

盟

隱元年三月，公及邾儀父盟于蔑。公始即位，不能自信，而顧與邾爲盟，卒又渝之，故不日以見譏。公盟例日。

隱六年夏六月辛酉〔二〕，公會齊侯，盟于艾。

隱八年九月辛卯，公及莒人盟于浮來。

桓元年夏四月丁未，公及鄭伯盟于越。

桓十二年夏六月壬寅，公會紀侯、莒子，盟于曲池。

是年秋七月丁亥，公會宋公、燕人，盟于穀丘。

是年冬十有一月丙戌，公會鄭伯，盟于武父。

桓十七年春正月丙辰，公會齊侯、紀侯，盟于黄。

是年二月丙午，公會邾儀父，盟于趯〔三〕。

莊九年春，公及齊大夫盟于蔇。是時齊無君，其曰「齊大夫」，衆辭也。雖然，當其無君，可以無盟矣，又不正公之釋怨而與仇盟，春秋深惡焉，故不月與日以見譏。

〔二〕「夏六月」，通志堂經解本作「夏五月」。

〔三〕「趯」，通志堂經解本作「趡」，是。

莊十三年冬，公會齊侯，盟于柯。是時魯亦强國，而鄰於齊，齊欲圖霸，而魯數不會，故齊爲柯之盟以親魯也。齊桓不能修德以來諸侯，而顧爲私盟以屬魯，以桓公爲病矣。且公前年納其仇，不克親與齊戰，今乃從而受盟，以公亦病矣，故不月與日以見譏。

莊十六年冬十有二月，會齊侯、宋公、陳侯、衛侯、鄭伯、許男、曹伯、滑伯、滕子，同盟于幽。公羊曰「公會」，當從公羊加「公」字。桓盟不日，齊始霸也。

莊二十二年秋七月丙申，及齊高傒盟于防。著日而盟，蓋公盟也。不言公，大夫不敵也。且又喪盟，何以不譏？譏喪盟，例去日。去日則無用見其爲公盟也。春秋欲有所見者，不嫌矣。詳具經解。

莊二十三年冬十有二月甲寅，公會齊侯，盟于扈。桓盟不日，不正齊魯之爲是盟，復日之，以見譏也。

莊二十七年夏六月，公會齊侯、宋公、陳侯、鄭伯，同盟于幽。齊桓始霸也。凡桓文之盟不日，以著其信。

閔元年秋八月，公及齊侯盟于洛姑。桓盟不日。

僖五年秋八月，諸侯盟于首止。桓盟不日。

僖七年秋七月，公會齊侯、宋公、陳世子款、鄭世子華，盟于甯母。桓盟不日。

僖八年春王正月，公會王人、齊侯、宋公、衛侯、許男、曹伯、陳世子款，盟于洮。桓盟不日。

僖九年九月戊辰，諸侯盟于葵丘。桓盟不日，以著其信。且葵丘之盟，束牲載書而不歃血，加五命以令諸侯，此桓公之盛而反加日，何也？周襄之末，天下無王。諸侯有能行王政而興起者，則易然也。以桓公之盛，管仲之賢，而不能有志乎此，乃區區爲霸者之政，此孔子之門所以小管仲而下桓文。雖然，當是時，攘戎狄，安中國，九合諸侯，免民於左衽之患者，桓公之功也。春秋與其霸而小其不至於王，故於九合之會，則信之以著其美；而於葵丘之盟，則變例以見譏焉。然獨於是盟然後見譏，何也？猶曰桓之盛極此而已，無能爲矣，故譏之也。

僖十五年三月，公會齊侯、宋公、陳侯、衛侯、鄭伯、許男、曹伯，盟于牡丘。桓盟不日。

僖二十一年十有二月癸丑，公會諸侯，盟于薄，釋宋公。

僖二十五年冬十有二月癸亥，公會衛子、莒慶，盟于洮。

僖二十六年春王正月己未，公會莒子、衛甯速，盟于向。

僖二十七年十有二月甲戌，公會諸侯，盟于宋。

僖二十八年五月癸丑，公會晉侯、齊侯、宋公、蔡侯、鄭伯、衛子、莒子，盟于踐土。晉文始霸也。桓文之盟不日，以著其信，則此何以日爲？下公朝于王所，當日也，加日於上，知既盟而朝，同在癸丑之日耳。

文二年三月乙巳，及晉處父盟。著日而盟，蓋公盟也。不言公，大夫不敵也。是又喪盟，何以不譏？譏喪盟例去日，去日則無用見其爲公盟也。春秋欲有所見者，不嫌矣。詳具經解。

文三年十有二月己巳，公及晉侯盟。

文七年秋八月，公會諸侯、晉大夫盟于扈。是時晉侯新立，故諸侯相與會于晉境而聽事焉。晉侯不能親諸侯，乃使大夫抗禮而主盟，此諸侯之恥而晉之罪也，故不敘諸侯、不名晉大夫以略之。又不日以見譏，則異乎同盟于新城矣。詳具經解。

文十三年十有二月乙丑，公及晉侯盟。

文十四年六月，公會宋公、陳侯、衛侯、鄭伯、許男、曹伯、晉趙盾。癸酉，同盟于新城。

文十七年六月癸未，公及齊侯盟于穀。

宣十七年六月己未，公會晉侯、衛侯、曹伯、邾子，同盟于斷道。

成二年十有一月丙申，公及楚人、秦人、宋人、陳人、衛人、鄭人、齊人、曹人、邾人、薛人、鄫人盟于蜀。

成三年冬十有一月丙午，及荀庚盟。丁未，及孫良夫盟。此皆聘而後盟也。著日而盟，知其爲公矣。不言公，大夫不敵也。大夫何以不貶？彼以賓客之道來，我固與之盟爾。其諸類此。

成五年十有二月己丑，公會晉侯、齊侯、宋公、衛侯、鄭伯、曹伯、邾子、杞伯，同盟于蟲牢。

成七年八月戊辰，同盟于馬陵。救鄭諸侯。

成九年春王正月，公會晉侯、齊侯、宋公、衛侯、鄭伯、曹伯、莒子、杞伯，同盟于蒲。自文、宣以來，晉、楚於是爭盟而伐鄭。鄭從晉則楚師至，從楚則晉師至，然鄭固欲親中國。自宣二年，晉、宋、衛、陳之役，而鄭之從晉者十年。其後蜀之盟楚，實合十二國之衆以臨諸侯，鄭於是在楚，故晉侯伐鄭。蟲牢之會，鄭伯受盟。及蒲之會，所以尋前日之盟也。鄭固未有罪耳，而晉人於秋執鄭伯，欒書伐鄭。明年衛侵鄭，諸侯復伐鄭，而鄭亦不賓，乍合乍離。及楚人一有討於鄭，而鄭即甘心於楚，蓋怒晉之無信，不恤小國之禍而輕辱人君，乃與楚比，伐許侵宋，同撓諸夏。凡二十年之間，諸侯會盟，侵伐城戍，曾無虛歲，諰諰然以失鄭爲憂。是禍也，晉有以啓之，以不信蒲之盟故也。春秋不日其盟，所以起其事而見譏焉。

成十一年王三月己丑，及郤犨盟。聘而後盟。

成十五年三月癸丑，公會晉侯、衛侯、鄭伯、曹伯、宋世子成、齊國佐、邾人同盟于戚。

成十七年六月乙酉，同盟于柯陵。伐鄭諸侯。

襄三年夏四月壬戌，公及晉侯盟于長樗。

是年六月，公會單子、晉侯、宋公、衛侯、鄭伯、莒子、邾子、齊世子光。己未，同盟于雞澤。

襄七年冬十月壬戌，及孫林父盟。聘而後盟。

襄九年十有二月己亥，同盟于戲。伐鄭諸侯。

襄十一年秋七月己未，盟于亳城北。伐鄭諸侯。

襄十五年二月己亥，及向戌盟于劉。聘而後盟。

襄十九年春王正月，諸侯盟于祝柯。此圍齊諸侯也。諸侯患齊之强，數事侵伐，故欲同圍之。然而不能，而遂爲此盟。其盟也，有不同者矣，此邾子所以執也。故不與同，又不日，以見譏焉。

襄二十年夏六月庚申，公會晉侯、齊侯、宋公、衛侯、鄭伯、曹伯、莒子、邾子、滕子、薛伯、杞伯、小邾子，盟于澶淵。

襄二十五年秋八月己巳，諸侯同盟于重丘。會夷儀諸侯。

昭十三年八月甲戌，同盟于平丘，公不與盟。會平丘諸侯，詳具經解。

昭二十六年秋，公會齊侯、莒子、邾子、杞伯，盟于鄟陵。二十五年，公孫于齊，齊謀納公。莒、邾、杞，皆齊之與國，故同爲鄟陵之盟也。且公實有國而不處，反因他人以求入，而卒以不能鄟陵之盟，爲不韙矣。其不與同，以見四國之盟有不同者也，故不月與日以見譏。此昭公所以終去如晉也。

定四年五月，公及諸侯盟于皐鼬。會召陵諸侯也。諸侯爲蔡之故以侵楚，然終不能爲蔡釋怨於楚，使蔡去中夏而即夷，故明年蔡侯以吴子及楚人戰于柏舉，遂復蔡怨，故皐鼬之盟不日，亦不與同，所以譏諸侯之無能爲而傷中夏之微也。

定十二年冬十月癸亥，公會齊侯，盟于黄。

右五十三，著例四十三，〔一〕其變例十。

孫

昭二十五年九月己亥，公孫于齊。

右一著例。

喪至

桓十八年夏四月丁酉，公之喪，至自齊。

定元年夏六月癸亥，公之喪，至自乾侯。

右二著例。

薨

隱十一年冬十有一月壬辰，公薨。

桓十八年夏四月丙子，公薨于齊。

〔一〕「右五十三，著例四十三」，通志堂經解本作「右五十四，著例四十四」。

莊三十二年秋八月癸亥，公薨于路寢。
閔二年秋八月辛丑，公薨。
僖三十三年十有二月乙巳，公薨于小寢。
文十八年二月丁丑[一]，公薨于臺下。
宣十八年冬十月壬戌，公薨于路寢。
成十八年八月己丑，公薨于路寢。
襄三十一年夏六月辛巳，公薨于楚宫。
昭三十二年十有二月己未，公薨于乾侯。
定十五年夏五月壬申，公薨于高寢。
右十一著例。

葬

桓十八年冬十有二月己丑，葬我君桓公。

〔一〕「文十八年二月丁丑」，通志堂經解本作「文十八年春王二月丁丑」。

閔元年夏六月辛酉，葬我君莊公。

文元年夏四月丁巳，葬我君僖公。

文十八年六月癸酉，葬我君文公。

成元年二月辛酉，葬我君宣公。

成十八年十有二月丁未，葬我君成公。

襄三十一年冬十月癸酉，葬我君襄公。

定元年秋七月癸巳，葬我君昭公。

定十五年九月丁巳，葬我君定公。

右九著例。

西疇居士春秋本例卷第四

涪陵崔氏

公　門

例月

會

隱二年春，公會戎于潛。不正公之會戎，且又喪會，故不月以見譏。

隱九年冬，公會齊侯于防。當是時，桓公、羽父相與謀亂，公顧不能靖内難，至於身弑而不知，故不月以見譏。

隱十年春王二月，公會齊侯、鄭伯于中丘。

隱十一年夏，公會鄭伯于時來。

桓元年三月，公會鄭伯于垂。

桓二年三月，公會齊侯、陳侯、鄭伯于稷。

桓三年正月〔二〕，公會齊侯于嬴。

是年六月，公會杞侯于郕。

是年九月，公會齊侯于讙。

桓六年夏四月，公會紀侯于郕。

桓十年秋，公會衛侯于桃丘，弗遇。弗有故，意衛侯故不欲會公。其不月，凡不成會者例不月。

桓十一年九月，公會宋公于夫鍾。

是年冬十有二月，公會宋公于闞。

桓十二年八月，公會宋公于虛。

〔二〕「桓三年正月」，通志堂經解本作「桓三年春正月」。

是年冬十有一月，公會宋公于鼌。

桓十四年春正月，公會鄭伯于曹。

桓十五年五月，公會齊侯于艾。

桓十六年春正月，公會宋公、蔡侯、衛侯于曹。

桓十八年春王正月，公會齊侯于濼。

莊二十七年春，公會杞伯姬于洮。婦人既嫁，見兄弟不踰閾。而公會伯姬于洮，故不月以見譏。是年冬，公會齊侯于城濮。桓、文之盟不日，桓、文之會不月，蓋信而安之。春秋變例，以美二伯者如此。

僖元年八月，公會齊侯、宋公、鄭伯、曹伯、邾人于檉。桓會不月，譏公喪會，故加月。

僖五年夏，公及齊侯、宋公、陳侯、衛侯、鄭伯、許男、曹伯會王世子于首止。桓會不月。

僖九年夏，公會宰周公、齊侯、宋子、衛侯、鄭伯、許男、曹伯于葵丘。桓會不月。

僖十一年夏，公及夫人姜氏會齊侯于陽穀。桓會不月。

僖十三年夏四月，公會齊侯、宋公、陳侯、衛侯、鄭伯、許男、曹伯于鹹。桓會不月，承葬陳宣公月。

僖十六年冬十有二月，公會齊侯、宋公、陳侯、衛侯、鄭伯、許男、邢侯、曹伯于淮。齊桓之霸，凡十二會，而孔子獨稱九合諸侯，蓋道其不以兵車而已。牡丘之盟、陽穀之會、淮之會，蓋有兵車也。是時桓德既衰，楚亦内侮，伐徐敗婁林之師，桓公於是合諸侯以救之，又爲之伐厲、伐英氏以報楚，則其有兵車亦明矣。故淮之會，則加月以見譏。

文會不月。

僖二十八年冬，公會晉侯、齊侯、宋公、蔡侯、鄭伯、陳子、莒子、邾子、秦人于溫。

文十三年冬，衛侯會公于沓。公如晉，故不月矣。詳具經解。

是年十有二月，鄭伯會公于棐。

宣元年夏，公會齊侯于平州。此喪會，故不月以見譏。

宣七年冬，公會晉侯、宋公、衛侯、鄭伯、曹伯于黑壤。是年夏，會伐萊，秋而至。冬又會黑壤，春而至。其間大旱之不恤。且古者凶荒，殺禮簡政，今公區區以侵伐期會爲急，亦不知務矣，故不月以見譏。

成二年十有一月，公會楚公子嬰齊于蜀。

成十二年夏，公會晉侯、衛侯于瑣澤。不月，蓋譏也，然未有見焉。春秋以例著者，不疑也；不然，或月闕耳。

成十六年秋，公會晉侯、齊侯、衛侯、宋華元、邾人于沙隨，不見公。是蓋魯有内難，故往後期，而諸侯不及見公耳。不見公，故不月也，詳具經解。

襄五年秋，公會晉侯、宋公、陳侯、衛侯、鄭伯、曹伯、莒子、邾子、滕子、薛伯、齊世子光、吴人、鄫人于戚。春秋尊中國而賤夷狄，先吴於鄫，諸侯之罪也，故不月以見譏。

襄七年十有二月，公會晉侯、宋公、陳侯、衛侯、曹伯、莒子、邾子于鄬。

襄十年春，公會晉侯、宋公、衛侯、曹伯、莒子、邾子、滕子、薛伯、杞伯、小邾子、齊世子光，會吴于柤。再言會，即吴也。吴，夷也，不正以諸侯之尊即吴而遠會，故不月以見譏。

襄十一年秋七月，會于蕭魚。伐鄭諸侯。

襄十六年三月，公會晉侯、宋公、衛侯、鄭伯、曹伯、莒子、邾子、薛伯、杞伯、小邾子于湨梁。

襄二十一年冬十月，公會晉侯、齊侯、宋公、衛侯、鄭伯、曹伯、莒子、邾子于商任。

襄二十二年冬，公會晉侯、齊侯、宋公、衛侯、鄭伯、曹伯、莒子、邾子、薛伯、杞伯、小邾子于沙隨。傳稱「會于沙隨，復錮欒氏」[一]，猶信也。前年秋，欒盈出奔楚，晉私以一大夫之故，期年之間，再合諸侯，見晉之失正而非所以令諸侯也。齊人於是不賓。明年伐衛，遂伐晉，則當時之事可知矣。始令猶可，再令而譏矣，故沙隨之會，不月以見之。

襄二十四年秋八月，公會晉侯、宋公、衛侯、鄭伯、曹伯、莒子、邾子、滕子、薛伯、杞伯、小邾子于夷儀。

襄二十五年夏五月，公會晉侯、宋公、衛侯、鄭伯、曹子[二]、莒子、邾子、滕子、薛伯、杞伯、小邾子于夷儀。

襄二十六年夏，公會晉人、鄭良霄、宋人、曹人于澶淵。不正公與大夫會，故不月以見譏。

昭十三年秋，公會劉子、晉侯、齊侯、宋公、衛侯、鄭伯、曹伯、莒子、邾子、滕子、

[一] 左傳：「（襄二十一年）冬，會于沙隨，復錮欒氏也。」

[二] 「曹子」，通志堂經解本作「曹伯」。

薛伯、杞伯、小邾子于平丘。八月甲戌，同盟于平丘。公不與盟，是蓋諸侯不肯與公盟也。諸侯不肯與公盟而曰公不與盟，蓋諱之也，使若公自不盟云爾，故不月公之行以見之，詳具經解。

定八年夏，公會晉師于瓦。不正公之會晉師，故不月以見譏。

定十年夏，公會齊侯于頰谷。頰谷之會，齊人伏甲以劫我。是時孔子相焉，而謀以不行。然則是會也亦殆矣，故不月以見譏。

定十四年五月，公會齊侯、衛侯于牽。

哀七年夏，公會吴于鄫。不正公之會吴，故不月以見譏。

哀十二年夏五月，公會吴于橐皋。會吴亦譏也，承孟子卒月。

是年秋，公會衛侯、宋皇瑗于鄖。喪會，故不月以見譏，然後知孟子昭夫人而哀嫡祖母也。

哀十三年夏，公會晉侯，及吴子于黄池。是時吴實主會，其曰「會晉」「及吴」，主晉而賓吴也。辭費矣，然而吴子進矣；進吴子，所以傷中國之亡也，故不月以見焉，猶曰是非中國得意之會云爾。

右五十三，著例三十二，其變例二十一。

如

桓十八年春王正月，公與夫人姜氏如齊。

莊二十二年冬，公如齊納幣。解具「納幣」下。

莊二十三年夏，公如齊觀社。解具「觀社」下。

莊二十四年夏，公如齊逆女。解具「逆女」下。

僖十年春王正月，公如齊。

僖十五年春王正月，公如齊。

僖三十三年冬十月，公如齊。

文三年冬，公如晉。譏亟朝也。凡公如某而不日其事者，皆朝也。周官之制，諸侯有世相朝之禮。春秋之時，天下無王，霸主更盟，故一君有再三朝者。春秋權事之宜，猶與之。至於比年亟朝，則爲已甚，然後譏焉。故凡比年亟如，皆不月者，所以見譏也。文二年三月乙巳，及晉處父盟，此蓋公在晉而盟也。傳謂晉人以公不朝來討，故公如晉，晉使處父盟公以恥之〔一〕，猶信也。春秋不書公如晉，蓋諱之，而於三年譏亟朝，則二年之盟，公在晉，不疑矣。

文十三年冬，公如晉。下書「衛侯會公于沓」，蓋是時公方修禮于大國，而遽與他國私會，以爲失事

〔一〕左傳：「晉人以公不朝來討，公如晉。夏四月己巳，晉人使陽處父盟公以恥之。」

盟主之道，故不月以見譏。

宣四年秋，公如齊。

宣五年春，公如齊。比年而朝，譏亟也。

宣九年春王正月，公如齊。八年六月，夫人熊氏薨，然則此喪朝也。何以不譏？禮庶子爲後，爲其母緦。宣公以庶立，故春秋不譏喪朝，然後知妾母不得稱夫人明矣。且下十年兩如齊，而此不譏亟朝，春秋欲有所見者，不嫌也。

宣十年春，公如齊。譏亟。

是年夏四月，公如齊。承日食月。

成三年夏，公如晉。譏亟。

成四年夏四月，公如晉。承臧孫卒月。

成十年秋七月，公如晉。

成十三年三月，公如京師。

成十八年春王正月，公如晉。譏亟，承殺大夫月。

襄三年春，公如晉。譏亟，且喪朝。

襄四年冬，公如晉。譏亟。

襄八年春王正月，公如晉。

襄十二年冬，公如晉。公比年伐鄭出會，曾未息肩，而又朝于晉。夫內棄其國事而區區以侵伐、期會、朝聘之爲急，亦不知務矣，故不月以見譏。十年伐鄭，戍虎牢。十一年夏伐鄭，盟亳城北。秋又伐鄭，會蕭魚，是也。春秋凡此，志譏矣。

襄二十一年春王正月，公如晉。

襄二十八年十有一月，公如楚。

昭二年冬，公如晉，至河乃復。解具「復」門。

昭五年春王正月，公如晉。

昭七年三月，公如楚。

昭十二年夏，公如晉，至河乃復。

昭十三年冬，公如晉，至河乃復。

昭十五年冬，公如晉。十二年、十三年兩如晉，皆不得入，見鄙於大國，猶不自愧，而復朝焉。雖不至河而復，猶譏也。春秋之義，豈遠於人情哉！

昭二十一年冬，公如晉，至河乃復。

昭二十三年冬，公如晉，至河有疾乃復。

昭二十七年春，公如齊。是時公失國居鄆，故凡如齊、如晉，皆不月以見譏。

是年冬十月，公如齊。承曹午卒月。

昭二十八年王三月，公如晉，次于乾侯。解具「次」門。

昭二十九年春，公如晉，次于乾侯。公比如晉，而不得入，故皆不月也。

定三年［春］王正月，公如晉，至河乃復。

右三十八，著例十七，其變例二十一。

涪陵崔氏

西疇居士春秋本例卷第五

公門

例月　凡月往則月至，不月往則不月至。不月往、不月至，皆譏也。惟桓、文之例則異是。

至

桓二年冬，公至自唐。春秋賤桓，於桓之事，未有譏焉者。然此不月至何也？春秋之例，内地例不致；其致者，例不月。文十七年至自穀，定十三年至自圍成，是其例也。唐，内地。

桓十六年秋七月，公至自伐鄭。月往。

莊五年秋，公至自伐衛。不月往。

莊二十三年［春］，公至自齊。不月往。

是年夏，公至自齊。不月往。

莊二十四年秋，公至自齊。不月往。

莊二十六年夏，公至自伐戎。不月往。

僖四年八月，公至自伐楚。桓會不月往，葬許穆公月[一]。

僖六年冬，公至自伐鄭。桓會不月往。

僖十五年九月，公至自會。桓會不月往，爲己卯晦月。

僖十七年九月，公至自會。桓會例不月，淮之會，譏也，故月往而月致，詳具經解。

僖二十六年冬，公至自伐齊。不月往。

僖二十九年春，公至自圍許。文會，不月往。

僖三十三年十有二月，公至自齊。月往。

［一］「葬許穆公月」，通志堂經解本作「爲葬許穆公月」。

文四年春，公至自晉。不月往。

文十四年春王正月，公至自晉。不月往而月致，何也？十三年冬，公如晉，衛侯會公于沓。是時公方修禮于大國，而遽與他國私會，以爲失事霸主之道，故不月以見譏。下書十有二月乙丑，公及晉侯盟，公還自晉，鄭伯會公于棐，以爲卒事於大國，然後可與他國會，故特月致，見卒事而會不譏，始往而會者譏耳。

是年秋七月，公至自會。月往。

文十七年冬〔二〕，公至自穀。内地例不致，其致例不月。是時齊方以子叔姬之罪致責于我，魯數求齊盟而不得。穀之盟，非得意之盟也，故特致焉。穀，内地。

宣四年秋，公至自齊。不月往。

宣五年夏，公至自齊。不月往。

宣八年春，公至自會。不月往。

宣九年春王正月，公至自齊。月往。

〔二〕「文十七年冬」，通志堂經解本作「文十七年秋」。

宣十年春，公至自齊。不月往。

是年五月，公至自齊。不月往，承陳弑君月。

宣十七年秋，公至自會。月往而不月致，有譏也。宣公之立，事齊而不事晉，豈斷道之會而晉有責于我乎？故不月致以見之。

成三年二月，公至自伐鄭。月往。

是年夏，公至自晉。不月往。

成四年秋，公至自晉。不月往。

成六年春王正月，公至自會。月往。

成七年八月，公至自會。不月往而月至，承戊辰盟月。

成九年春王正月，公至自會。月往。

成十一年春王三月，公至自晉。往至同月。

成十三年秋七月，公至自伐秦。月往。

成十五年三月，公至自會。往至同月。

成十六年秋，公至自會。不月往。

是年九月〔一〕，公至自會。不月往而月致，承季孫盟月。

成十七年秋，公至自會。不月往。

是年十一月，公至自伐鄭。不月往而月致，爲仲嬰齊卒月。

成十八年夏，公至自晉。不月往。

襄三年夏四月，公至自晉。不月往而月致，承晉盟月。

是年秋，公至自會。月往而不月致，所譏不在往會而在己會。蓋不正諸侯爲會，而乃使大夫主盟，故譏也。與溴梁之會不月致同例。

襄五年春，公至自晉。不月往。

是年秋，公至自會。不月往。

是年十有二月，公至自救陳。不月往而月致，爲行父卒月。

襄八年夏，公至自晉。月往而不月致，是時公在晉而季孫宿會晉侯、鄭伯、齊人、宋人、衛人、邾人

〔一〕「是年九月」，通志堂經解本作「是年十有二月」。

于邢丘。夫魯君在晉，而晉侯乃與其大夫會，舍君而與臣，則季氏專魯而公不得爲政可知矣。且公以禮出事人，然而内不能制其臣，外見鄙於大國，久留于晉，故不月致以見譏。

襄十年夏五月，公至自會。不月往而月致，承滅偪陽月。

是年冬，公至自伐鄭。不月往。

襄十一年秋七月，公至自伐鄭。承己未盟月。此譏亟伐鄭，往至皆不月。

是月，公至自會。同上譏。

襄十三年春，公至自晉。不月往。

襄十六年夏，公至自會。月往而不月致，蓋不正諸侯爲會，而乃使大夫主盟，故譏也。與雞澤之盟不月致同例，詳具經解。

襄十九年春王正月，公至自伐齊。月往。

襄二十年秋，公至自會。月往而不月致。公與邾子盟澶淵，比至于國，而大夫已伐邾矣。不正公之渝盟，而亟伐，故以見譏也。然後知澶淵之盟，故不與同明矣。

襄二十一年夏，公至自晉。月往而不月致，豈公如晉朝以謝背盟伐邾之故，而晉猶有責於我乎？故以見譏也。

襄二十二年春王正月，公至自會。往至同月。

是年冬，公至自會。不月往。

襄二十四年冬，公至自會。不月往。

襄二十五年秋八月，公至自會。月往。

襄二十九年夏五月，公至自楚。

昭五年秋七月，公至自晉。月往。

昭七年九月，公至自楚。月往。

昭十三年八月，公至自會。不月往而月致，承同盟月。

昭十六年夏，公至自晉。不月往。

昭二十六年三月，公至自齊，居于鄆。解具「居鄆」下。

是年秋，公至自會，居于鄆。

昭二十七年春，公至自齊，居于鄆。

是年冬十月，公至自齊，居于鄆。

昭二十九年春，公至自乾侯，居于鄆。

定四年秋七月，公至自會。月往。

定六年二月，公至自侵鄭。往至同月。

定八年王正月，公至自侵齊。往至同月。

是年三月，公至自侵齊。月往。

是年夏，公至自瓦。不月往。

定十年夏，公至自夾谷。不月往。

定十二年十有一月，公至自黄。月往。

是年十有二月，公至自圍成。往至同月。

定十四年五月，公至自會。往至同月。

哀十年五月，公至自伐齊。往會吴，例不月，爲葬齊悼公月。

哀十三年秋，公至自會。不月往。

右七十九，著例三十，其變例四十九。

在

襄二十九年春王正月，公在楚。

昭三十年春王正月，公在乾侯。昭公失國在外，何不譏正月？以存君子之辭也。

昭三十一年春王正月，公在乾侯。

昭三十二年春王正月，公在乾侯。

右四著例。

居

昭二十六年三月，公至自齊，居于鄆。日孫故月致。昭公自失國，往至皆不月，居外亦不月，以譏。

是年秋，公至自會，居于鄆。

昭二十七年春，公至自齊，居于鄆。

是年冬十月，公至自齊，居于鄆。承曹伯卒月。

昭二十九年春，公至自乾侯，居于鄆。

右五變例。

還

文十三年冬十有一月〔二〕，公還自晉。

右一著例。

復

昭二年冬，公如晉，至河乃復。公朝于晉，晉人辭焉，故至河乃復。凡此，志譏也，此又喪朝也。

昭十二年夏，公如晉，至河乃復。

昭十三年冬，公如晉，至河乃復。

昭二十一年冬，公如晉，至河乃復。

昭二十二年冬〔三〕，公如晉，至河有疾乃復。

定三年春王正月，公如晉，至河乃復。昭公之不得入于晉，亦以數矣。定公之復，容有故焉。春

〔二〕「文十三年冬十有一月」，通志堂經解本作「文十三年冬十有二月」。

〔三〕「昭二十二年冬」，通志堂經解本作「昭二十三年冬」。

秋亦譏其可譏者而已。

右六，著例一，其變例五。

次

莊三年冬，公次于滑。是將救紀而不能者也。傳曰將謀紀是也[一]。次，止也。公有畏矣，故不月以見譏。

僖四年三月，公會伐楚，次于陘。

僖十五年三月，公會盟牡丘，遂次于匡。

昭二十五年九月[二]，公孫于齊，次于陽州。承孫齊月。昭公自失國，凡如、次、居，皆不月以譏。

昭二十八年春王三月，公如晉，次于乾侯。承葬曹悼公月。

昭二十九年春，公如晉，次于乾侯。

〔一〕 左傳：「（莊三年）冬，公次于滑，將會鄭伯謀紀故也。」

〔二〕 「昭二十五年九月」通志堂經解本作「昭二十五年九月己亥」。

右六，著例二，其變例四。

遇

隱四年夏，公及宋公遇于清。

莊二十三年夏，公及齊侯遇于穀。

莊三十年冬，公及齊侯遇于魯濟。

右三變例。周官有朝覲、宗遇、會同之禮，春秋之時，文不足也，故皆謂之朝會。而所謂遇者，特志其相遇而已。禮記所謂「未及期相見」是也。當是時，諸侯不信，期會失時，故有未及期而相見者，猶詩所謂「邂逅相遇」云爾。凡遇之志，皆譏也，故不月以見之。

至

僖二十六年春王正月，公追齊師，至酅弗及。

襄十五年夏，公救成，至遇。公救成而至遇，不及乎事也。凡春秋不及乎其事者，志以略此，公行所以不月也。

右二，著例一，其變例一。

以

僖二十六年冬，公以楚師伐齊。

右一變例，解具「伐齊」下。

城

文七年春，公伐邾。三月甲戌，取須句，遂城郚。城，卑者之事，而公親之，其日兼譏取須句而遂城郚也。

右一變例。

西疇居士春秋本例卷第六

涪陵崔氏

公門

例月

侵

莊十年二月，公侵宋。

僖四年春王正月，公會齊侯、宋公、陳侯、衛侯、鄭伯、許男、曹伯，侵蔡。桓會不月，爲蔡潰月。

定四年三月，公會劉子、晉侯、宋公、蔡侯、衛侯、陳子、鄭伯、許男、曹伯、莒子、邾子、頓子、胡子、滕子、薛伯、杞伯、小邾子、齊國夏于召陵，侵楚。

定六年二月，公侵鄭。

定八年春王正月，公侵齊。

是年二月，公侵齊。

右六著例。

伐

隱七年秋，公伐邾。公始即位，與邾結好而盟。今親伐焉，不正公之始渝盟而親師，故不月以見譏。

桓十五年冬十有一月，公會宋公、衛侯、陳侯于袲，伐鄭。

桓十六年夏四月，公會宋公、衛侯、陳侯、蔡侯，伐鄭。

莊五年冬，公會齊人、宋人、陳人、蔡人，伐衛。不正公會四國之微者以出，故不月以見譏。

莊九年夏，公伐齊，納子糾。不正公釋怨而納仇人之子，故不月以見譏。

莊二十六年春，公伐戎。戎未有害於我也，而公伐之。公不能内治其國，而遠事於戎，以公爲不知務矣，故不月以見譏。

是年秋，公會宋人、齊人，伐徐。不正公會兩國之微者以出，故不月以見譏。

僖四年春王正月，公會齊侯、宋公、陳侯、衛侯、鄭伯、許男、曹伯，侵蔡。蔡潰，遂伐楚。桓會不月，爲蔡潰月。

僖六年夏，公會齊侯、宋公、陳侯、衛侯、曹伯，伐鄭。桓會不月。

僖二十一年冬，公伐邾。

僖二十二年春，公伐邾，取須句。邾，吾之與國也。冬伐之，春又伐之，而取其邑。秋又與之戰。以内爲迫人已甚，故皆不月以見譏。

僖二十六年冬，公以楚師伐齊，取穀。公恃遠國之師，以伐甥舅之國，而取其邑。致怨之道，故不月以見譏。

僖三十三年夏四月，公伐邾，取訾婁。

文七年春，公伐邾。三月甲戌，取須句。僖二十二年伐邾，取須句。須句既復於邾，今又伐而取之，不正其再取，故不月伐而日取邑，下兼譏遂城郚，故著日也。

宣四年春王正月，公及齊侯平莒及郯。莒人不肯，公伐莒，取向。

宣七年夏，公會齊侯，伐萊。解具「會黑壤」下。

宣十八年春，公伐杞。公伐杞不月，又不致，此有疑者。或曰譏也，具經解。

成三年春王正月，公會晉侯、宋公、衛侯、曹伯，伐鄭。

成十年五月，公會晉侯、齊侯、宋公、衛侯、曹伯，伐鄭。

成十三年夏五月，公自京師，遂會晉侯、齊侯、宋公、衛侯、鄭伯、曹伯、邾人、滕人，伐秦。

成十六年秋，公會尹子、晉侯、齊國佐、邾人，伐鄭。是時沙隨之會不見公，晉人以爲怒，故伐鄭之役，公强與焉，此季孫行父所以執也。即當時之事言之，蓋公不得與伐鄭矣。春秋以爲恥而諱焉，故猶書公伐鄭，志其意也。春秋之例，會以會致，伐以伐致，各如其事焉。今出伐鄭而曰至自會，見實未嘗與伐也，又不月以見譏。

成十七年夏，公會尹子、單子、晉侯、齊侯、宋公、衛侯、曹伯、邾人，伐鄭。

是年冬，公會單子、晉侯、宋公、衛侯、曹伯、齊人、邾人，伐鄭。公比年伐鄭，今又一歲之間而兩伐鄭，春秋以爲已甚，故皆不月以見譏。

襄九年冬，公會晉侯、宋公、衛侯、曹伯、莒子、邾子、滕子、薛伯、杞伯、小邾子、齊世子光，伐鄭。不月，譏喪師。是年五月，夫人姜氏薨。

襄十年秋，公會晉侯、宋公、衛侯、曹伯、莒子、邾子、齊世子光、滕子、薛伯、杞伯、小邾子，伐鄭。不月，譏喪師。

襄十一年夏四月，公會晉侯、宋公、衛侯、曹伯、齊世子光、莒子、邾子、滕子、薛伯、杞伯、小邾子，伐鄭。承郊月。

是年秋七月，公會晉侯、宋公、衛侯、曹伯、齊世子光、滕子、薛伯、杞伯、小邾子，伐鄭。當不月以譏亟伐，猶成十七年之譏。此承同盟月。

哀七年秋，公伐邾。八月己酉，入邾。解具「入邾」下。

哀十年春王二月，公會吴，伐齊。會吴之微者，譏也。承邾子奔月。

哀十一年五月，公會吴，伐齊。亦譏也，爲甲戌戰月。

右三十，著例九，其變例二十一。

圍

僖六年夏，公會齊侯、宋公、陳侯、衛侯、曹伯，伐鄭，圍新城。桓會不月。

襄十八年冬十月，公會晉侯、宋公、衛侯、鄭伯、曹伯、莒子、邾子、滕子、薛伯、杞伯、小邾子，同圍齊。

昭二十六年夏，公圍成。成，内邑。是時昭公孫在齊，故欲取内邑也。夫公實有國而不能制其臣，至於見逐，反區區欲取一邑以自營，見公之失君道矣，故不月以見譏。

定十二年十有二月，公圍成。

右四，著例三，其變例一。

取

隱十年六月辛未，取郜。辛巳，取防。不正公以詐敗人之師，旬浹之間而取二邑，故加日以見譏。

僖二十二年春，公伐邾，取須句。

僖二十六年冬，公以楚師伐齊，取穀。

僖三十三年夏四月，公伐邾，取訾婁。

文七年春，公伐邾。三月甲戌，取須句。

宣四年春王正月，公及齊侯平莒。及郯，莒人不肯。公伐莒，取向。齊、魯强國，以好平兩小國之怨，而且不能，信不足故。又不知自反，而復取邑以致怨於人，以内爲過，是宜不月以見譏。

右六，變例二，其四解具「伐」下。

追

莊十八年夏，公追戎于濟西。戎過我于濟西，未爲有罪，且亦疆埸之事耳。而公固自追之，失人君之重，故不月以見譏。詳具經解。

僖二十六年春王正月，公追齊師，至酅，弗及。

右二，著例一，其變例一。

救

莊二十八年秋，公會齊人、宋人，救鄭。不正公會兩國之微者以出，故不月以見譏。

成七年秋，公會晉侯、齊侯、宋公、衛侯、曹伯、莒子、邾子、杞伯，救鄭。春秋不與相侵伐，則凡救者可也。然陳、鄭介二大國之間，從楚則晉師至，從晉則楚師至，晉、楚爭陳、鄭，以爲强弱，一救一伐，安有常哉？然則救鄭，非所以爲鄭，適以怒楚而致戰耳。夫群諸侯而莫益於事者，亦春秋所不與，故不月以見譏。

襄五年冬，公會晉侯、宋公、衛侯、鄭伯、曹伯、齊世子光，救陳。救陳之譏，猶成七年救鄭之譏也。

襄十五年夏，公救成，至遇。解具「至遇」下。

右四變例。

納

莊九年夏，公伐齊，納子糾。不正公之釋怨而納讎人之子，故不月以見譏。

右一變例。

狩

桓四年［春］正月，公狩于郎。

莊四年冬，公及齊人狩于禚。不正公之釋怨而與仇人之微者狩，故不月以見譏。

右二，著例一，其變例一。

觀

隱五年春，公觀魚于棠。凡蒐田之事，不言公。觀魚稱公，與「公狩于郎」同義。知公私行而不與國人同之也，故不月以見譏。

莊二十三年夏，公如齊觀社。諸侯非民事不越境，而公乃如齊觀社，又未終母喪而從宴樂，故不月以見譏。

右二變例。

視朔

文十六年夏四月〔三〕，公四不視朔。

右一著例。

平國

宣四年春王正月，公及齊侯平莒，及郯。

右一著例。

成亂

桓二年三月，公會齊侯、陳侯、鄭伯于稷，以成宋亂。

〔三〕「文十六年夏四月」，通志堂經解本作「文十六年夏五月」。

右一著例。

釋諸侯

僖二十一年冬十有二月癸丑，公會諸侯，盟于薄，釋宋公。

右一著例。

右凡公躬行之事無時，以時志者，譏也。春秋賤桓，於桓之事無譏，故六盟、十二會、二至、二伐、一如、一狩、即位、薨、葬、喪、至，皆以例書。蓋曰桓弟弑兄，臣弑君，而立乎其位，此其大者不治，則其餘無足譏焉耳。

子　門

例日
生

桓六年九月丁卯，子同生。

右一著例。

卒

莊三十二年冬十月己未，子般卒。

文十八年冬十月，子卒。

襄三十一年秋九月癸巳，子野卒。

右三，著例二，其失日一。

西疇居士春秋本例卷第七

涪陵崔氏

夫人門

例日

入

莊二十四年八月丁丑，夫人姜氏入。

右一著例。

致

僖八年秋七月，禘于太廟，用致夫人。致猶致女也，父母家之辭也。蓋齊女先妾耳，而致之爲夫人，非禮矣，故去氏姓以見之。且致夫人，重事，例當日。其不日，猶曰妾非所以爲夫人，故不以尊禮舉之也。詳具經解。

右一變例。

孫

莊元年三月，夫人孫于齊。君夫人諱奔，猶曰孫位而去云爾。夫人孫，重事，例當日。夫人久在齊，不可以日致也。詳具經解。

閔二年九月，夫人姜氏孫于邾。其不日，以罪略之。蓋曰夫人有罪，不以尊禮舉之也，文姜猶是致也。

右二變例。

喪至

僖元年十有二月丁巳，夫人氏之喪，至自齊。

右一著例。

薨

隱二年十有二月乙卯，夫人子氏薨。

莊二十一年秋七月戊戌，夫人姜氏薨。

僖元年秋七月戊辰，夫人姜氏薨于夷。

文四年冬十有一月壬寅，夫人風氏薨。

文十六年秋八月辛未，夫人姜氏薨。

宣八年夏六月戊子，夫人嬴氏薨。

襄二年夏五月庚寅，夫人姜氏薨。

襄四年秋七月戊子，夫人姒氏薨。

襄九年五月辛酉，夫人姜氏薨。

昭十一年五月甲申，夫人歸氏薨。

定十五年秋七月壬申，弋氏卒〔一〕。

哀十二年夏五月甲辰，孟子卒。

右十二著例。

〔一〕「弋氏卒」，穀梁同。通志堂經解本作「似氏卒」，字誤，左傳作「姒」。

葬

莊二十二年春王正月癸丑，葬我小君文姜。

僖二年夏五月辛巳，葬我小君哀姜。

文五年春王正月辛亥〔一〕，葬我小君成風。

文十七年夏四月癸亥，葬我小君聲姜。

宣八年冬十月己丑，葬我小君敬嬴。

襄二年秋七月己丑，葬我小君齊姜。

襄四年八月辛亥，葬我小君定姒。

襄九年秋八月癸未，葬我小君穆姜。

昭十一年九月己亥，葬我小君齊歸。

定十五年九月辛巳，葬定弋〔二〕。

〔一〕「文五年春王正月辛亥」，通志堂經解本作「文五年春三月辛亥」。

〔二〕「葬定弋」，通志堂經解本作「葬定姒」。

右十著例。

例月

公納幣

莊二十二年冬，公如齊，納幣。納幣，大夫之事，而公親之，又未終母喪而嘉禮是行，故不月以見譏。

右一變例。

公逆女

莊二十四年夏，公如齊逆女。春秋譏不親迎，公於齊則有父讎之弗報，於內則有母喪而圖婚，然則親迎，祇以爲罪也，故不月以見譏。

右一變例。

夫人逆婦

文四年夏，逆婦姜于齊。譏姑逆也。詳具經解。

右一變例。

大夫逆女

桓三年秋七月，公子翬如齊逆女。承日食月。春秋之例，逆夫人例月，以爲有國之重事。惟不正，其使大夫逆，然後不月以見譏。桓無譏，然則公子翬逆女，猶月者也。詳具經解。

宣元年春王正月，公子遂如齊逆女。承即位月。不特譏使大夫逆，又譏喪娶。

成十四年秋，叔孫僑如如齊逆女。禮有親迎，不正使大夫逆，故不月以見譏。

右三變例。

至始至

桓三年九月，夫人姜氏至自齊。

右一著例。

大夫以夫人至

宣元年三月，遂以夫人婦姜，至自齊。

成十四年九月，僑如以夫人婦姜氏，至自齊。

右二著例。

歸

文十八年冬十月，夫人姜氏歸于齊。

右一著例。

饗

莊四年春王二月，夫人姜氏饗齊侯于祝丘。饗兩君之禮，重事，例當月。

右一著例。

例時

會

莊二年冬十有二月，夫人姜氏會齊侯于禚。爲宋公卒月。

莊七年春，夫人姜氏會齊侯于防。

是年冬，夫人姜氏會齊侯于穀。

僖十七年秋，夫人姜氏會齊侯于卞。

右四著例。

如

莊五年夏，夫人姜氏如齊師。

莊十五年夏，夫人姜氏如齊。

莊十九年秋，夫人姜氏如莒。莒、魯蓋婚姻之國，故夫人如莒。夫人如莒，非禮也，是加月以見譏者。然公子結遂及齊侯、宋公盟，故不月矣。先事故不月，後事亦不得而月。二十年二月，夫人如莒，加月以譏，是其例。

莊二十年春王二月，夫人姜氏如莒。

文九年春，夫人姜氏如齊。

右五，著例三，其變例二。

至

文九年三月，夫人姜氏至自齊。此出姜也，十八年歸于齊者是也。夫人不允于魯，故終以見出。是行也，夫人其有不允之證乎？臣子殆其往而喜其反，故致之。不然，夫人之行不致也，故加月重録之，見臣子以是爲危矣。

右一變例。

大夫納幣

文二年冬，公子遂如齊，納幣。

右一著例。

諸侯送女

桓三年九月，齊侯送姜氏于讙。爲公會月。

右一著例。

大夫宗婦覿

莊二十四年八月戊寅，大夫宗婦覿，用幣。大夫之婦，同宗者也。宗婦覿，淺事也，例當時而以日志，所以致譏乎用幣焉爾。

右一變例。

内女門

例日

卒

莊四年三月，紀伯姬卒。

莊二十九年冬十有二月，紀叔姬卒。

僖九年秋七月乙酉，伯姬卒。

僖十六年夏四月丙申，鄫季姬卒。

文十二年二月庚子，子叔姬卒。

成八年冬十月癸卯，杞叔姬卒。

右六，著例四，其失日者二。

例月

大夫爲君逆

隱二年九月，紀裂繻來逆女。

右一著例。

歸

隱二年冬十月，伯姬歸于紀。

隱七年春王三月，叔姬歸于紀。

莊二十五年五月〔一〕，伯姬歸于杞。

僖十五年秋九月，季姬歸于鄫。

成九年二月，伯姬歸于宋。

右五著例。

執

文十四年冬，齊人執子叔姬。子叔姬與單伯，有罪於齊者也。執内大夫例月，知執内女亦例月矣。其不月，以譏内也。

右一變例。

〔一〕「莊二十五年五月」，通志堂經解本作「莊二十五年六月」。

葬

莊四年夏六月乙丑，齊侯葬紀伯姬。凡内女爲諸侯夫人，然後卒葬，諸侯例月，知夫人葬亦例月也。此加日而葬，隱之也，亡國之葬也。詳具經解。

莊三十年八月癸亥，葬紀叔姬。加日以葬，隱之也，亡國之葬也。

襄三十年秋七月，葬宋共姬。

右三，著例一，其變例二。

例時

來納幣

成八年夏，宋公使公孫壽來納幣。

右一著例。

大夫自逆

莊二十七年冬，莒慶來逆叔姬。

宣五年秋九月，齊高固來逆子叔姬〔一〕。爲叔孫卒月。

右二著例。

大夫致女

成九年夏，季孫行父如宋致女。

右一著例。

來媵

成八年冬十月，衞人來媵。承杞叔姬卒月。

成九年夏，晉人來媵。

成十年五月，齊人來媵。承公會月。

右三著例。

〔一〕「齊高固來逆子叔姬」，通志堂經解本作「齊高固來逆叔姬」。

來

莊二十七年冬，杞伯姬來。

僖二十八年秋，杞伯姬來。

宣五年冬，齊高固及子叔姬來。

右三著例。

來歸

文十五年十有二月，齊人來歸子叔姬。子叔姬有罪，齊人使致責于我而後歸之，故加月以見譏。

宣十六年秋，郯伯姬來歸。

成五年春王正月，杞叔姬來歸〔一〕。四年杞伯來朝，而五年叔姬來歸。杞伯之來，告絶叔姬也。且杞伯來朝而告絶，知杞之有辭矣。以叔姬之來歸爲内過，故加月以見譏。

右三，著例一，其變例二。

〔一〕「杞叔姬來歸」，通志堂經解本作「杞伯姬來歸」。

歸復歸

莊十二年春王三月，紀叔姬歸于酅。豈紀季以酅入齊，是時叔姬來魯乎？故今歸于酅也，不書其來，閔之也。書其歸，喜復其所也，故詳録而加月。詳具經解。

右一變例。

遇

僖十四年夏六月，季姬及鄫子來朝〔一〕。凡遇之志，故譏也，此又謹録而加月。

右一變例。

來逆婦

僖二十五年夏，宋蕩伯姬來逆婦。

右一著例。

來求婦

僖三十一年冬，杞伯姬來求婦。

〔一〕「季姬及鄫子來朝」，通志堂經解本作「季姬及鄫子遇于防，使鄫子來朝」，左傳、公羊同。

右一著例。

來朝子

僖五年春，杞伯姬來朝其子。

右一著例。

來逆喪

成九年春王正月，杞伯來逆叔姬之喪以歸。爲公會月。

右一著例。

西疇居士春秋本例卷第八

涪陵崔氏

内大夫門

例日

奔

閔二年九月，公子慶父出奔莒。內大夫奔，例日，謹有罪也。是時慶父與夫人同惡，蓋同日而出奔。夫人先，故不日。慶父不得後日也。慶父不日，然後知與夫人同日奔矣。然慶父之罪，不患不見。

文八年冬十月，公孫敖如京師，不至而復。丙戌，奔莒。

宣十八年冬十月壬戌，歸父還自晉。至笙，遂奔齊。

襄二十三年冬十月乙亥，臧叔紇出奔邾。

昭十二年冬十月，公子憖出奔齊。憖之奔，不日，蓋見其非罪也。

成十六年冬十月乙亥，叔孫僑如出奔齊。

右六，著例四，其變例二。

刺

僖二十八年春，公子買戍衛，不卒戍，刺之。刺大夫例日，謹有罪也。以罪刺者，不言其事。言其事者，有託也。故不日以見譏。詳具經解。

成十六年十有二月乙酉，刺公子偃。

右二，著例一，其變例一。

卒

隱元年冬十有二月，公子益師卒。失日。

隱五年冬十有二月辛巳，公子彄卒。

隱八年冬十有二月，無駭卒。失日。

隱九年三月庚辰，俠卒〔一〕。

莊三十二年秋七月癸巳，公子牙卒。

僖十六年三月壬申，公子季友卒。

是年秋七月甲子，公孫茲卒。

文十年春王三月辛卯，臧孫辰卒。

文十四年秋九月甲申，公孫敖卒于齊。

宣五年秋九月，叔孫得臣卒。失日。

宣八年六月辛巳，仲遂卒于垂。

宣十七年冬十有一月壬午，公弟叔肸卒。

成四年夏四月甲寅，臧孫許卒。

成十五年三月乙巳，仲嬰齊卒。

〔一〕公羊、穀梁作「俠」，左傳作「挾」。

成十七年冬十有一月壬申，公孫嬰齊卒于貍脤。
襄五年十有二月辛未，季孫行父卒。
襄十九年八月丙辰，仲孫蔑卒。
襄二十二年秋七月辛酉，叔老卒。
襄二十三年八月己卯，仲孫速卒。
襄三十一年秋九月己亥，仲孫羯卒。
昭四年冬十有二月乙卯，叔孫豹卒。
昭七年十有一月癸未〔一〕，季孫宿卒。
昭十五年二月癸酉，叔弓卒。
昭二十一年八月乙亥，叔輒卒。
昭二十三年春王正月癸丑，叔鞅卒。
昭二十四年春王二月丙戌，仲孫貜卒。

〔一〕「昭七年十有一月癸未」，通志堂經解本作「昭七年十有二月癸未」。

昭二十五年冬十月戊辰，叔孫婼卒。
昭二十九年夏四月庚子，叔倪卒。
定五年秋七月壬子，叔孫不敢卒。
哀三年秋七月丙子，季孫斯卒。
右三十，著例二十七，其失日者三。

例月

盟

隱元年九月，及宋人盟于宿。
桓十一年九月，柔會宋公、陳侯、蔡叔，盟于折。
莊十九年秋，公子結媵陳人之婦于鄄，遂及齊侯、宋公盟。公子結不終媵事，抗二君之盟，卒致三國之師，故不月以見譏。詳具經解。
僖十九年冬，會陳人、蔡人、楚人、鄭人，盟于齊。盟于齊，主齊與盟也。是時齊桓既卒，宋襄圖霸，以劫諸侯。蓋諸侯不肯從宋而後爲齊之盟，所以未忘桓公之功也。春秋善是盟，故亦信而不月，猶之桓公之志爾。傳謂「陳穆公請修好於諸侯，以無忘齊桓之德」〔二〕，猶信也。

僖二十九年夏六月，會王人、晉人、宋人、齊人、陳人、蔡人、秦人，盟于翟泉。

文二年夏六月，公孫敖會宋公、陳侯、鄭伯、晉士縠，盟于垂隴。

文八年冬十月壬午，公子遂會晉趙盾，盟于衡雍。乙酉，公子遂會雒戎，盟于暴。大夫盟例月，此特加日，譏遂之專盟，見四日之間不能復命，而再出會，故兩日以見之，欲志乙酉，故不得不先志壬午也。

文十年秋七月，及蘇子盟于女栗。離盟不月，此承不雨月。

文十六年春，季孫行父會齊侯于陽穀，齊侯弗及盟。齊侯弗及盟者，故也。

是年六月戊辰，公子遂及齊侯盟于郪丘。是時齊強魯弱，齊人方責子叔姬之罪，魯再受兵，諸侯不能救，大夫求盟而不得，公又有疾，魯於是病矣。郪丘之會以得齊盟爲喜，故詳録而加日，與仲孫速會莒人盟于向加日同例。

成元年夏，臧孫許及晉侯盟于赤棘。離盟。

〔二〕左傳同。

成二年秋七月，齊侯使國佐如師。己酉，及國佐盟于袁婁。大夫盟，不以日志，此嫌國佐如師而遂與之盟，且以見自鞍至于袁婁縣地五百里，自癸酉至于己酉歷三十有七日，然後得盟，以迫齊爲已甚，故日志以見譏也。

成十六年十有二月乙丑，季孫行父及晉郤犫盟于扈。是時叔孫僑如爲難，故晉人使公不得與伐鄭，而行父見執，公彷徨于外，以求自明，僅能使僑如見逐。季孫受盟，喜釋執而免乎難，故詳録而加日。

成十八年十有二月，仲孫蔑會晉侯、宋公、衛侯、邾子、齊崔杼，盟于虚朾。

襄三年六月戊寅，叔孫豹及諸侯之大夫及陳袁僑盟。是時已未諸侯同盟矣，及袁僑如會，而大夫又與之盟。夫諸侯已盟，則大夫可無盟矣。然而又盟，見大夫之張也，故特加日以見譏。

襄十六年三月戊寅，大夫盟。是時諸侯會溴梁而大夫專盟，見大夫之益張也，故特加日以見譏。然後知雞澤之盟，譏其漸矣。

襄二十年春王正月辛亥，仲孫速會莒人，盟于向。莒、魯之怨，自屬鄫始。其後莒與齊、邾比，以爲吾患，魯無歲不受兵。及仲孫速之爲此盟，然後兵怨始解。幾二十年，莒魯不交兵。則是盟也，實國之所喜，故詳録而加日。餘具經解。

襄二十七年秋七月辛巳，豹及諸侯之大夫盟于宋。加日，猶雞澤、溴梁之盟耳。

昭十一年夏五月，仲孫貜會邾子，盟于祲祥。離盟，不月。承夫人薨月也。

定三年冬，仲孫何忌及邾子盟于拔。離盟。

哀二年春王二月癸巳，叔孫州仇、仲孫何忌及邾子盟于句繹。先君之季年，邾子來朝，已而又來奔喪，於我亦厚矣。而魯乃比年有事於邾，今又三卿大舉而伐之，取沂、漷田，要其君而與之盟。明年又復渝盟而圍其國，則魯之於邾，爲已甚，故特加日以見譏。

右二十一，著例五，其變例十二，其離盟四。

執

文十四年冬，齊人執單伯。單伯如齊而見執，不稱行人，以爲失奉使之道，故不月以見譏。

成十六年九月，晉人執季孫行父，舍之于苕丘。

昭十三年八月，晉人執季孫意如以歸。

昭二十三年春王正月，晉人執我行人叔孫婼。

右四，著例三，其變例一。

例時

涖盟

僖三年冬，公子友如齊涖盟。

文七年冬，公孫敖如莒涖盟。

昭七年三月，叔孫婼如齊涖盟。承公如楚月。

定十一年冬，叔還如鄭涖盟。

右四著例。

會

莊十四年冬，單伯會齊侯、宋公、陳侯、衛侯、鄭伯于鄄。

文元年秋，公孫敖會晉侯于戚。

文十一年夏，叔仲彭生會晉郤缺于承筐。

文十六年春，季孫行父會齊侯于陽穀。

宣十四年冬，公孫歸父會齊侯于穀。

宣十五年春，公孫歸父會楚子于宋。

是年秋，仲孫蔑會齊高固于無婁。

成五年夏，叔孫僑如會晉荀首于穀。

成十五年冬十有一月，叔孫僑如會晉士燮、齊高無咎、宋華元、衛孫林父、鄭公子鰌、邾人，會吴于鍾離。再言會吴，即吴也。吴遠中國，未嘗與中國會，諸大夫欲往會之，故於彼即吴也。不正以中國之衆即吴遠會，故加月以見譏。

襄二年秋七月，仲孫蔑會晉荀罃、宋華元、衛孫林父、曹人、邾人于戚。爲葬小君月。

是年冬，仲孫蔑會晉荀罃、齊崔杼、宋華元、衛孫林父、曹人、邾人、滕人、薛人、小邾人于戚。

襄五年夏，仲孫蔑、衛孫林父會吴于善道。

襄八年夏，季孫宿會晉侯、鄭伯、齊人、宋人、衛人、邾人于邢丘。

襄十四年春王正月，季孫宿、叔老會晉士匄、齊人、宋人、衛人、鄭公孫蠆、曹人、莒人、邾人、滕人、薛人、杞人、小邾人，會吴于向。加月，猶鍾離之會，譏也。

是年冬，季孫宿會晉士匄、宋華閱、衛孫林父、鄭公孫蠆、莒人、邾人于戚。

襄十九年冬，叔孫豹會晉士匄于柯。

襄二十七年夏，叔孫豹會晉趙武、楚屈建、蔡公孫歸生、衛石惡、陳孔奐、鄭良霄、許人、曹人于宋。

昭元年春王正月，叔孫豹會晉趙武、楚公子圍、齊國弱、宋向戌〔一〕、衛齊惡、陳公子招、蔡公孫歸生、鄭罕虎、許人、曹人于虢。承即位月。

昭九年春，叔弓會楚子于陳。

昭十一年秋，季孫意如會晉韓起、齊國弱、宋華亥、衛北宫佗〔二〕、鄭罕虎、曹人、杞人于厥慭。

昭二十五年夏，叔詣會晉趙鞅、宋樂大心、衛北宫喜、鄭游吉、曹人、滕人、薛人、小邾人于黄父。

〔一〕「戌」，宋本作「戍」，據左傳、穀梁改。

〔二〕「佗」，宋本、通志堂經解本作「它」，據左傳、穀梁改。

昭三十一年春王正月，季孫意如會晉荀櫟于適歷。承公在乾侯月。

哀六年夏，叔還會吳于柤。

右二十三，著例二十一，其變例二。

西疇居士春秋本例卷第九

涪陵崔氏

内大夫門

例時

如

莊二十五年冬，公子友如陳。

莊二十七年秋，公子友如陳，葬原仲。

莊三十二年冬十月，公子慶父如齊。承子卒月。

僖五年夏，公孫兹如牟。

僖七年秋七月，公子友如齊。承盟甯母月。

僖十三年冬，公子友如齊。

僖二十八年秋，公子遂如齊。

僖三十年冬，公子遂如京師，遂如晉。

僖三十一年春，公子遂如晉。

文元年夏四月，叔孫得臣如京師。承葬僖公月。

是年冬十月，公孫敖如齊。承楚弑君月。

文五年夏，公孫敖如晉。

文六年夏，季孫行父如陳。

是年冬十月，公子遂如晉。爲葬晉襄月。

文九年二月，叔孫得臣如京師。爲葬襄王月。

文十一年秋，公子遂如宋。

文十四年冬，單伯如齊。

文十五年秋，季孫行父如晉。

文十七年冬，公子遂如齊。

文十八年秋，公子遂、叔孫得臣如齊。

是年冬十月，季孫行父如齊。承子卒月。

宣元年夏，季孫行父如齊。

是年夏，公子遂如齊。

宣九年夏，仲孫蔑如京師。

宣十年六月，公孫歸父如齊。爲葬齊惠公月。

是年秋，季孫行父如齊。

是年冬，公孫歸父如齊。

宣十八年秋七月，公孫歸父如晉。承楚子卒月。

成五年春王正月，仲孫蔑如宋。承叔姬來歸月。

成六年夏六月，公孫嬰齊如晉。爲鄭伯卒月。

是年冬，季孫行父如晉。

成十一年夏，季孫行父如晉。

是年秋，叔孫僑如如齊。

襄二年秋七月，叔孫豹如宋。承葬小君月。

襄四年夏，叔孫豹如晉。

襄六年冬，叔孫豹如邾。

是冬〔一〕，季孫宿如晉。

襄七年秋，季孫宿如衞。

襄九年夏，季孫宿如晉。

襄十六年冬，叔孫豹如晉。

襄十九年春王正月，季孫宿如晉。承祝柯盟月。

〔一〕「是冬」，通志堂經解本作「是年」。

襄二十年秋，叔老如齊。

是年冬十月，季孫宿如宋。承日食月。

襄二十四年春，叔孫豹如晉。

是年冬，叔孫豹如京師。

襄二十八年秋八月，仲孫羯如晉。承大雩月。

襄二十九年冬，仲孫羯如晉。

襄三十年秋七月，叔弓如宋。爲葬共姬月。

昭二年夏，叔弓如晉。

是年冬，季孫宿如晉。

昭三年夏，叔弓如滕。

昭六年夏，季孫宿如晉。

是年冬，叔弓如楚。

昭九年秋，仲孫貜如齊。

昭十年九月，叔孫婼如晉。爲葬晉平公月。
昭十一年春王二月，叔弓如宋。爲葬宋平公月。
昭十六年九月，季孫意如如晉。承大雩月。
昭二十二年六月，叔鞅如京師。爲葬景王月。
昭二十三年春王正月，叔孫婼如晉。爲叔鞅卒月。
昭二十五年春，叔孫婼如宋。
定十年秋，叔孫州仇如齊。
哀五年冬，叔還如齊。
右六十二著例。

至

文十五年六月，單伯至自齊。承日食月。
昭十四年春，意如至自晉。
昭二十四年春王二月，婼至自晉。承仲孫貜卒月。

右三著例。

來

閔元年冬，齊仲孫來。

右一著例。

來歸

閔元年秋八月，季子來歸。承公盟月。

右一著例。

還

宣十八年冬十月，歸父還自晉。承公薨月。

右一著例。

復

文八年冬十月，公孫敖如京師，不至而復。爲奔莒月。

宣八年夏六月，公子遂如齊，至黄乃復。爲有事月。

右二著例。

媵

莊十九年秋，公子結媵陳人之婦于鄄。

右一著例。

告糴

莊二十八年冬，臧孫辰告糴于齊。

右一著例。

乞師

僖二十六年夏，公子遂如楚乞師。

右一著例。

墮邑

定十二年夏，叔孫州仇帥師墮郈。是年夏，季孫斯、仲孫何忌帥師墮費。

右二著例。

疆田

昭元年秋，叔弓帥師疆鄆田。

右一著例。

城

文十二年冬十有二月，季孫行父帥師城諸及鄆。承戰月。

襄二年冬，仲孫蔑會晉荀罃、齊崔杼、宋華元、衛孫林父、曹人、邾人、滕人、薛人、小邾人于戚，遂城虎牢。

襄十五年夏，季孫宿、叔孫豹城成郛。

襄二十九年夏五月，仲孫羯會晉荀盈、齊高止、宋華定、衛世叔儀、鄭公孫段、曹人、莒人、滕人、薛人、小邾人，城杞。承公至月。

昭三十二年冬，仲孫何忌會晉韓不信、齊高張、宋仲幾、衛世叔申、鄭國參、曹人、莒人、薛人、杞人、小邾人，城成周。

哀三年五月，季孫斯、叔孫州仇帥師城啓陽。承桓宮火月。

右六著例。

入邑

襄十二年春王正月，季孫宿帥師救邰，遂入鄆。宿受命救邰，而遂入鄆，見政之逮大夫也，故加月以見譏。

右一變例。

侵

僖四年冬十有二月，公孫兹帥師會齊人、宋人、衛人、鄭人、許人、曹人，侵陳。伐楚之役，齊有怒於陳，執袁濤塗，與江、黄伐之矣。陳雖有罪，執其人伐其國可也，今又合七國之衆而侵之，以齊桓責人爲已甚，故加月以見譏。

成六年秋，仲孫蔑、叔孫僑如帥師侵宋。

襄二十四年春，仲孫羯帥師侵齊。

定八年九月，季孫斯、仲孫何忌帥師侵衛。承葬陳懷公月。

右四，著例三，其變例一。

伐

隱四年秋，翬帥師會宋公、陳侯、蔡人、衛人，伐鄭。

隱十年夏，翬帥師會齊人、鄭人，伐宋。

桓十二年十有二月，及鄭師伐宋。爲戰于宋月。

桓十七年秋八月，及宋人、衛人伐邾。承葬蔡桓侯月。

莊二年夏，公子慶父伐於餘丘。

莊三年春王正月，溺會齊師伐衛。衛侯得罪天子而奔齊，爲之伐衛以納朔，而溺往會之，故加月以見譏。

莊十四年夏，單伯會伐宋。

僖三十三年秋，公子遂帥師伐邾。

文三年春王正月，叔孫得臣會晉人、宋人、陳人、衛人、鄭人，伐沈。爲沈潰月。

文十四年春王正月，叔彭生帥師伐邾。承公至月。

宣十年秋，公孫歸父帥師伐邾。

宣十一年夏，公孫歸父會齊人，伐莒。

成八年冬十月，叔孫僑如會晉士燮、齊人、邾人，伐郯。承叔姬卒月。

襄十四年夏四月，叔孫豹會晉荀偃、齊人、宋人、衛北宮括、鄭公孫蠆、曹人、莒人、邾人、滕人、薛人、杞人、小邾人，伐秦。承衛侯奔月。

襄十六年五月，叔老會鄭伯、晉荀偃、衛甯殖、宋人，伐許。承地震月。

襄二十年秋，仲孫速帥師伐邾。

昭十年秋七月，季孫意如、叔弓、仲孫貜帥師伐莒。承晉侯卒月。

哀元年冬，仲孫何忌帥師伐邾。

哀二年春王二月，季孫斯、叔孫州仇、仲孫何忌帥師伐邾。爲邾子盟月。

右十九，著例十八，其變例一。

圍

成三年秋，叔孫僑如帥師圍棘。

襄元年春王正月，仲孫蔑會晉欒黶、宋華元、衛甯殖、曹人、莒人、邾人、滕人、薛人，圍宋彭城。承即位月。

昭十三年春，叔弓帥師圍費。

定六年冬，季孫斯、仲孫何忌帥師圍鄆。

定十年夏，叔孫州仇、仲孫何忌帥師圍郈。

是年秋，叔孫州仇、仲孫何忌帥師圍郈。

哀三年冬十月，叔孫州仇、仲孫何忌帥師圍邾。承秦伯卒月。

右七著例。

取

宣十年秋，公孫歸父帥師伐邾，取繹。

右一著例。

救

僖十五年三月，公孫敖帥師及諸侯之大夫救徐。承牡丘盟月。

文九年三月，公子遂會晉人、宋人、衛人、許人，救鄭。承夫人至月。

襄十二年春王三月，季孫宿帥師救郃。爲遂入鄆月。

襄二十三年八月，叔孫豹帥師救晉。爲下己卯月。

右四著例。

次

襄元年夏，仲孫蔑會齊崔杼、曹人、邾人、杞人，次于鄫。

襄二十三年八月，叔孫豹帥師救晉，次于雍榆。受命救晉，畏齊不進，止于雍榆，故此加月以見譏。

右二，著例一，其變例一。

戍

僖二十八年春，公子買戍衛。

右一著例。

歸喪

文十五年夏，齊人歸公孫敖之喪。

右一著例。

如葬

莊二十七年秋，公子友如陳，葬原仲。

右一著例。

西疇居士春秋本例卷第十

涪陵崔氏

宗廟郊祭門

例日

立宫

成六年二月辛巳，立武宫。

定元年九月，立煬宫。立煬宫，譏也，故不日以見之。

右二，著例一，其失日一〔二〕。

作主

文二年春王二月丁丑，作僖公主。

右一著例。

郊

成十七年九月辛丑，用郊。

定十五年夏五月辛亥，郊。

哀元年夏四月辛巳，郊。

右三著例。

禘

閔二年夏五月乙酉，吉禘于莊公。

〔二〕「其失日一」，通志堂經解本作「其變例一」。

僖八年秋七月，禘于太廟，用致夫人。譏致夫人，故不日。解具「致夫人」下。

右二，著例一，其變例一。

大事

文二年八月丁卯，大事于太廟，躋僖公。

右一著例。

烝

桓八年春正月己卯，烝。

是年夏五月丁丑，烝。

右二著例。

嘗

桓十四年秋八月乙亥，嘗。

右一著例。

有事

宣八年夏六月辛巳，有事于太廟。

昭十五年二月癸酉，有事于武宫。

右二著例。

繹

宣八年夏六月壬午，猶繹。

右一著例。

右立宫、作主、郊禘，凡宗廟之祭，皆有國之常事。常事不書，有譏焉則書。凡書，譏也，故於日月之例無變焉。然後知春秋之日月不以例著者，皆以示譏，其足以知乎譏者不變也。

從祀

定八年冬，從祀先公。此魯禮之復正者，其不日何也？非常祀也。是時陽虎欲爲亂，故順祀先公而祈焉。春秋以爲其所有事者無足道也，吾志其從祀而已，故特略而時志之，且以志陽虎之僞也。

右一變例。

納鼎

桓二年夏四月，取郜大鼎于宋。戊申，納于太廟。

右一著例。

例月

考宮獻羽

隱五年九月，考仲子之宮，初獻六羽。

右一著例。

卜郊卜牛、牛傷、免牲、免牛、三望附。

僖三十一年夏四月，四卜郊不從，乃免牲，猶三望。

宣三年春王正月，郊牛之口傷。改卜牛，牛死乃不郊，猶三望。

成七年春王正月，鼷鼠食郊牛角。改卜牛，鼷鼠又食其角。乃免牛。夏五月不郊，猶三望。

成十年夏四月，五卜郊不從，乃不郊。
襄七年夏四月，三卜郊不從，乃免牲。
襄十一年夏四月，四卜郊不從，乃不郊。
定十五年春王正月，鼷鼠食郊牛角。牛死，改卜牛。
哀元年春王正月，鼷鼠食郊牛，改卜牛。

右八著例。

用牲于社于門附

莊二十五年六月辛未朔日，有食之鼓，用牲于社。

是年秋大水，鼓用牲于社于門。

莊三十年九月庚午朔日，有食之鼓，用牲于社。
文十五年六月辛丑朔日，有食之鼓，用牲于社。

右四凡大祀例日，則次祀例當月。此非常祀，當去月以見譏。唯秋大水不加月，是其例，餘皆承日食月。

不告月猶朝于廟

文六年閏月，不告月，猶朝于廟。

右一著例。

大室屋壞

文十三年秋七月，大室屋壞。

右一著例。

例時

丹楹

莊二十三年秋，丹桓公楹。

右一著例。

刻桷

莊二十四年春王正月，刻桓公桷爲葬桓公月。

右一著例。

内戎事門

例日

戰

桓十年冬十有二月丙午，齊侯、衛侯、鄭伯來戰于郎。

桓十二年冬十有二月，及鄭師伐宋。丁未，戰于宋。

桓十三年春二月，公會紀侯、鄭伯。己巳，及齊侯、宋公、衛侯、燕人戰。齊師、宋師、衛師、燕師敗績。

桓十七年夏五月丙午，及齊師戰于奚。

莊九年八月庚申，及齊侯戰于乾時，我師敗績。

僖二十二年秋八月丁未，及邾人戰于升陘。

成二年六月癸酉，季孫行父、臧孫許、叔孫僑如、公孫嬰齊帥師，會晉郤克、衛孫良夫、曹公子首，及齊侯戰于鞍。齊師敗績。

右七著例。

敗

隱十年六月壬戌，公敗宋師于菅。

莊十年春王正月，公敗齊師于長勺。不正公一歲而兩敗人之師，故不日以見譏。

是年六月，公敗宋師于乘丘。詐戰而勝曰敗某師。雖然有勝矣，豈君子之所尚矣？不正公不旬月之間，而兩敗人之師，故皆不日以見譏。

莊十一年夏五月戊寅，公敗宋師于鄑。

僖元年九月，公敗邾師于偃。是喪師，故不日以見譏。

是年冬十月壬午，公子友敗莒師于酈〔一〕。

昭五年秋七月戊辰，叔弓敗莒師于蚡泉〔二〕。

〔一〕「公子友敗莒師于酈」，通志堂經解本作「公子友帥師敗莒師于酈」。

〔二〕「叔弓敗莒師于蚡泉」，通志堂經解本作「叔弓帥師敗莒師于蚡泉」。

右七，著例四，其變例三。

治兵

莊八年春王正月甲午，治兵。

右一著例。

大閱

桓六年秋八月壬午，大閱。

右一著例。

焚邑火攻也

桓七年春二月己亥，焚咸丘。

右一著例。

例月

作軍

襄十一年春王正月，作三軍。戎事例日，此不日以見譏。詳具經解。

右一著例。

舍軍

昭五年春王正月，舍中軍。戎事例日，此不日以見譏。詳具經解。

右一著例。

作甲

成元年三月，作丘甲。戎事例日，此不日以見譏。詳具經解。

右一著例。

凡内事門

例月

諸侯來盟

襄二十九年夏五月，杞子來盟。

右一著例。

肆眚

莊二十二年春王正月，肆大眚。

右一著例。

邑潰

昭二十九年冬十月，鄆潰。

右一著例。

西疇居士春秋本例卷第十一

涪陵崔氏

凡内事門

例時

來盟

桓十四年夏五，鄭伯使其弟語來盟。闕月字，又其下當有它事，亦闕。

閔二年冬，齊高子來盟。

僖四年夏，楚屈完來盟于師。

文十五年三月，宋司馬華孫來盟。稱官而字之，見其專官而恃貴也。不稱使，以其私來也。嫌與齊高子同例，故加月以見譏。

宣七年春，衛侯使孫良夫來盟。

右五，著例四，其變例一。

來朝

隱十一年春，滕侯、薛侯來朝。

桓二年春正月，滕子來朝。桓弑逆之人，諸侯所共惡，今滕子實始修禮而朝事之，故加月以見譏。

是年秋七月，杞侯來朝。亦譏始朝桓也。詳具經解。

桓六年冬，紀侯來朝。

桓七年夏，穀伯綏來朝，鄧侯吾離來朝。

桓九年冬，曹伯使其世子射姑來朝。

桓十五年五月，邾人、牟人、葛人來朝。承鄭伯奔月。

莊二十三年夏，蕭叔朝公。

莊二十七年冬，杞伯來朝。

僖七年夏，小邾子來朝。

僖十四年夏六月，季姬及鄫子遇于防，使鄫子來朝。解具「内女遇鄫子」下。

僖二十年夏，郜子來朝。

僖二十七年春，杞子來朝。

文十一年秋，曹伯來朝。

文十二年春王正月，杞伯來朝。承郕伯奔月。

是年秋，滕子來朝。

文十五年夏，曹伯來朝。

宣元年秋，邾子來朝。

成四年三月，杞伯來朝。承鄭伯卒月。

成六年夏六月，邾子來朝。爲鄭伯卒月。

成七年夏五月，曹伯來朝。爲三望月。

成十八年秋，杞伯來朝。

是年八月，邾子來朝。爲公薨月。

襄元年九月，邾子來朝。承天王崩月。

襄六年秋，滕子來朝。

襄七年春，郯子來朝。

是年夏四月，小邾子來朝。承卜郊月。

襄二十一年冬十月，曹伯來朝。承日食月。

襄二十八年夏，邾子來朝。

昭三年秋，小邾子來朝。

昭十七年春，小邾子來朝。

是年秋，郯子來朝。

定十五年春王正月，邾子來朝。爲食郊牛月。

哀二年夏四月，滕子來朝。承衛侯卒月。

右三十四，著例三十二，其變例二。

來聘

隱七年夏，齊侯使其弟年來聘。

桓三年冬，齊侯使其弟年來聘。

莊二十三年夏，荆人來聘。

莊二十五年春，陳侯使女叔來聘。

僖三十三年春王二月，齊侯使國歸父來聘。承入滑月。

文四年秋，衞侯使甯俞來聘。

文九年冬，楚子使椒來聘。

文十二年秋，秦伯使術來聘。

宣十年冬，齊侯使國佐來聘。

成三年冬十一月，晉侯使荀庚來聘。爲盟月。

是月，衞侯使孫良夫來聘。

成四年春，宋公使華元來聘。

成八年春，宋公使華元來聘。

是年冬十月，晉侯使士燮來聘。承叔姬卒月。

成十一年春王三月，晉侯使郤犨來聘。承公至月。

成十八年，晉侯使士匄來聘。

襄元年冬，衞侯使公孫剽來聘。

是冬〔一〕，晉侯使荀罃來聘。

襄五年夏，鄭伯使公子發來聘。

襄七年冬十月，衞侯使孫林父來聘。爲盟月。

襄八年冬，晉侯使士匄來聘。

襄十二年夏，晉侯使士魴來聘。

襄十五年春，宋公使向戌來聘。

〔一〕「是冬」，通志堂經解本作「是年冬」。

襄二十六年夏，晉侯使荀吴來聘。

襄二十七年春，齊侯使慶封來聘。

襄二十九年夏五月，晉侯使士鞅來聘。承公至月。

是月，吴子使札來聘。

襄三十年春王正月，楚子使薳罷來聘。公前朝楚，故楚使薳罷來聘以報之。蓋自文公九年至此，歷七十餘年，楚未嘗致聘於魯。今薳罷之來，欲報公明矣。不正大夫之答君，故加月以見譏。

昭二年春，晉侯使韓起來聘。

昭十二年夏，宋公使華定來聘。

昭二十一年夏，晉侯使士鞅來聘。

右三十一，著例三十，其變例一。

來會

定十四年秋，邾子來會公。

右一著例。

來唁

昭二十五年九月，齊侯唁公于野井。承公孫月。

昭二十九年春，齊侯使高張來唁公。

昭三十一年夏四月，晉侯使荀櫟唁公于乾侯。承薛伯卒月。

右三著例。

來言

成八年春，晉侯使韓穿來言汶陽之田歸之于齊。

右一著例。

來求

隱三年秋，武氏子來求賻。

文九年春，毛伯來求金。

右二著例。

來渝平

隱六年春，鄭人來渝平。

右一著例。

胥命

桓三年夏，齊侯、衞侯胥命于蒲。

右一著例。

來

隱元年冬十有二月，祭伯來。爲益師卒月。

桓六年正月，寔來。寔猶是也，言州公是欲來魯。州公自曹，猶以好來于我，故書來。然春秋以月志，然後州公之奔不疑矣。詳具經解。

桓八年冬十月，祭公來。承雨雪月。

僖二十九年春，介葛盧來。

是年冬，介葛盧來。

襄十八年春，白狄來。

右六，著例五，其變例一。

以來

哀七年八月，以邾子益來。承入邾來月。

右一著例。

逃來

莊十七年秋，鄭詹自齊逃來。

右一著例。

來獻捷

莊三十一年夏六月，齊侯來獻戎捷。獻捷，大夫之事，而齊侯親之，故加月以見譏。

僖二十一年冬，楚人使宜申來獻捷。

右二，著例一，其變例一。

來歸俘

莊六年冬，齊人來歸衛俘。

右一著例。

來歸襚

文九年冬，秦人來歸僖公成風之襚。

右一著例。

來奔喪

定十五年夏五月，邾子來奔喪。承公薨月。

右一著例。

來會葬

襄三十一年冬十月，滕子來會葬。爲葬月。

定十五年九月，滕子來會葬。爲葬月。

右二著例。

一三八

西疇居士春秋本例卷第十二

涪陵崔氏

凡内事門

例時

侵我

僖二十六年春王正月，齊人侵我西鄙。承公盟月。

文七年夏四月，狄侵我西鄙。承宋公卒月。

文十五年秋，齊人侵我西鄙。

是年十有二月，齊侯侵我西鄙。承歸子叔姬月。

襄十四年夏四月，莒人侵我東鄙。承衞侯奔月。

右五著例。

伐我

莊十九年冬，齊人、宋人、陳人伐我西鄙。

莊二十年冬，齊人伐我。

僖二十六年夏，齊人伐我北鄙。

文十四年春王正月，邾人伐我南鄙。承公至月。

文十七年夏四月，齊侯伐我西鄙。承葬小君月。

成二年春，齊侯伐我北鄙。

襄八年夏，莒人伐我東鄙。

襄十年秋，莒人伐我東鄙。

襄十二年春王三月，莒人伐我東鄙。爲遂入鄆月。

襄十五年夏，齊侯伐我北鄙。

是年秋八月，邾人伐我南鄙。承日食月。

襄十六年三月，齊侯伐我北鄙。承大夫盟月。

是年秋，齊侯伐我北鄙。

襄十七年秋，齊侯伐我北鄙。

是秋，齊高厚帥師伐我北鄙。

是冬，邾人伐我南鄙。

襄十八年秋，齊師伐我北鄙。

襄二十五年春，齊崔杼帥師伐我北鄙。

定七年秋，齊國夏帥師伐我西鄙。

定八年夏，齊國夏帥師伐我西鄙。

哀八年春王正月，吴伐我。承入曹月。

哀十一年春，齊國書帥師伐我。

右二十二著例。

圍内邑

襄十二年，莒人伐我東鄙，圍邰。

襄十五年夏，齊侯伐我北鄙，圍成。

襄十六年秋，齊侯伐我北鄙，圍成。

襄十七年秋，齊侯伐我北鄙，圍桃。是秋，齊高厚帥師伐我北鄙，圍防。

右五著例。

入内邑

隱二年夏五月，莒人入向。爲入極月。

成九年冬十有一月，楚公子嬰齊帥師伐莒。庚申，莒潰，楚人入鄆。是日莒先潰，楚人得以入鄆也。著日，欲有所見也。鄆，吾邑也。蓋是時楚非有意於伐我，因鄆之不守，而遂入之耳。然則何以不言遂？再稱楚人，不可以遂言也。其再稱楚人，何也？是公子嬰齊不正其見利而妄入吾邑，故貶之不與名稱也。詳具經解。

右二，著例一，其變例一。

取内邑

昭二十五年十有二月，齊侯取鄆。公孫在齊，故齊取鄆以居公也。是時齊强魯弱，不能責季氏之罪以納公，而乃取一邑以居焉，見齊之無意於納公矣。昭公不悟，猶居鄆三年以待齊，及其不能，然後始之晉，故此加月以見譏。

哀八年夏，齊人取讙及闡。

右二，著例一，其變例一。

取内田

宣元年六月，齊人取濟西田。宣公以庶立，齊侯以大國之權來爲平州之會，以定公位，故以田賂齊也。不正魯之以田與齊，而齊之受田于魯，故加月以見譏。

右一變例。

内入邑

隱八年三月庚寅，我入祊。鄭伯守人之土地，而妄以與人。我不度義而受之，邑人不賓，至於用師而入之，亦病矣，故加月以譏。歸祊而加日，以譏入祊也。

右一變例。

内取邑

成六年二月，取鄟。承立武宫月。

襄十三年夏，取邿。

昭元年三月，取鄆。取之莒也。莒、魯爭鄆久矣。是時莒有弑君之禍，豈魯責賂於莒而後取鄆乎？故加月以見譏。

昭四年九月，取鄫。取之莒也。始鄫欲屬魯而爲莒所滅，魯不能救。今復取之於莒，又不復其國家而遂有之，故加月以見譏。

昭三十二年春正月，取闞。承在乾侯月。

右五，著例三，其變例二。

内取田

僖三十一年春，取濟西田。

成二年秋八月，取汶陽田。承宋公卒月。

襄十九年春王正月，取邾田，自漷水。承盟柯月。

右三著例。

歸内邑

隱八年二月，鄭伯使宛來歸祊。加月，譏也。解具「入祊」下。

哀八年冬十有二月，齊人歸讙及闡。承杞伯卒月。

右二，著例一，其變例一。

歸内田

宣十年春，齊人歸我濟西田。

定十年夏，齊人來歸鄆、讙、龜陰田。

右二著例。

假田

桓元年三月，鄭伯以璧假許田。承公會月。

右一著例。

税畝

宣十五年秋，初税畝。

田賦

哀十二年春，用田賦。

右一著例。

蒐

昭八年秋，蒐于紅。

昭十一年五月，大蒐于比蒲。承夫人卒月。

昭二十二年春，大蒐于昌間。

定十三年夏，大蒐于比蒲。

定十四年秋，大蒐于比蒲。

右五著例。

狩

哀十四年春，西狩獲麟。

右一著例。

來乞師

成十三年春，晉侯使郤錡來乞師。

成十六年六月，晉侯使欒黶來乞師。承日食月。

成十七年九月，晉侯使荀罃來乞師。承盟柯陵月。

成十八年冬，晉侯使士魴來乞師。

右四著例。

平

昭七年春王正月，暨齊平。凡言及者，我意也。變及言暨，知非我意也。吾之平强矣，故加月以見譏。

定十年春王三月，及齊平。齊、魯比年有侵伐之怨，魯實畏齊。平齊之平强矣，故加月以見譏。頗谷之會，齊有異謀，知齊之不欲平亦明矣。

定十一年冬，及鄭平。

右三，著例一，其變例二。

戍

襄五年冬，戍陳。

襄十年冬，戍鄭虎牢。

右二著例。

次侯附

莊八年春王正月，師次于郎，以俟陳人、蔡人。爲治兵月。

莊三十年夏，次于成。

右二著例。

師救

僖十八年夏，師救齊。

右一著例。

師圍

莊八年夏，師及齊師圍郕。

右一著例。

師還

莊八年秋，師還。

右一著例。

歸

定五年夏，歸粟于蔡。

哀八年夏，歸邾子益于邾。

右二著例。

城

隱七年夏，城中丘。

隱九年夏，城郎。

桓五年夏，城祝丘。

桓十六年冬，城向。

莊二十九年冬十有二月，城諸及防。承杞叔姬卒月。

莊三十二年春，城小穀。

宣八年冬十月，城平陽。承葬小君月。

成四年冬，城鄆。

成九年冬十有一月，城中城。承葬齊頃公月。

襄七年夏四月，城費。承卜郊月。

襄十三年冬，城防。

襄十九年冬，城西郛。

是冬，城武城。

定六年冬，城中城。

定十四年秋，城莒父及霄。
定十五年冬，城漆。
哀四年夏，城西郛。
哀五年春，城毗。
哀六年春，城邾瑕。
右十九著例。

築

莊元年秋，築王姬之館于外。
莊二十八年冬，築郿。
莊三十一年春，築臺于郎。
是年夏四月，築臺于薛。承薛伯卒月。
是年秋，築臺于秦。
成十八年八月，築鹿囿。爲公薨月。

作

昭九年冬，築郎囿。

定十三年夏，築蚳淵囿。

右八著例。

新

僖二十年春，新作南門。

定二年冬十月，新作雉門及兩觀。兩觀之僭久矣，今復作之，故目事以見譏而加月也。

右二，著例一，其變例一。

莊二十九年春，新延廄。

右一著例。

浚

莊九年冬，浚洙。

右一著例。

毁

文十六年秋八月，毁泉臺。承夫人薨月。

右一著例。

竊

定八年冬，盜竊寶玉大弓。

右一著例。

得

定九年夏四月，得寶玉大弓。承鄭伯卒月。

右一著例。

取殺

莊九年九月，齊人取子糾殺之。凡外殺世子、公子，例皆時。以魯之不能存子糾，故加月以見譏。

右一變例。

西疇居士春秋本例卷第十三

涪陵崔氏

凡外事門凡外與内接而於外事爲重者，自見本門。

例日

戰敗績附

莊二十八年春王三月甲寅，齊人伐衞，衞人及齊人戰，衞人敗績。

僖十五年十有一月壬戌，晉侯及秦伯戰于韓。

僖十八年五月戊寅，宋師及齊師戰于甗，齊師敗績。

僖二十二年冬十有一月己巳朔，宋公及楚人戰于泓，宋師敗績。

僖二十八年夏四月己巳，晉侯、齊師、宋師、秦師及楚人戰于城濮，楚師敗績。

文二年春王二月甲子，晉侯及秦師戰于彭衙，秦師敗績。

文七年夏四月戊子，晉人及秦人戰于令狐。

文十二年冬十有二月戊午，晉人、秦人戰于河曲。

宣二年春王二月壬子，宋華元帥師及鄭公子歸生帥師戰于大棘，宋師敗績。

宣十二年夏六月乙卯，晉荀林父帥師及楚子戰于邲，晉師敗績。

成二年夏四月丙戌，衛孫良夫帥師及齊師戰于新築，衛師敗績。

成十六年六月甲午晦，晉侯及楚子、鄭伯戰于鄢陵，楚子、鄭師敗績。

定四年冬十有一月庚午，蔡侯以吴子及楚人戰于柏舉，楚師敗績。

哀二年秋八月甲戌，晉趙鞅帥師及鄭罕達帥師戰于鐵，鄭師敗績。

右十四著例。

敗

僖三十三年夏四月辛巳，晉人及姜戎敗秦師于殽。

右一著例。

右戰敗，大國、次國同例。

入

隱五年秋，衛師入郕。凡入大國、次國，例皆日。郕伯爵，蓋次國而不日入，何也？傳謂衛之亂也，而郕人侵衛〔一〕，故衛師入郕，猶信也。夫利人之亂而欲得志焉者，取禍之道，春秋深惡焉，故不月與日以見譏。

隱十年秋，宋人、衛人入鄭。宋爲大國，鄭不能事大，乃與齊、魯比而伐之，致宋喪師而失二邑，此宋所以怒而入鄭也。鄭之見入，有以自取之矣。鄭尚不知自咎，乃復掩其不備，而取宋、衛、蔡三國之師，春秋深惡焉，故不月與日以見譏。

是年冬十月壬午，齊人、鄭人入郕。

〔一〕左傳無「而」字。

文十五年六月，晉郤缺帥師伐蔡。戊申，入蔡。

宣十一年冬十月丁亥，楚子入陳。

襄二十五年六月壬子〔二〕，鄭公孫舍之帥師入陳〔三〕。

右六，著例四，其變例二。

滅

僖二十五年春王正月丙午，衞侯燬滅邢。

宣十二年冬十有二月戊寅，楚子滅蕭。

昭八年冬十月壬午，楚師滅陳。

昭十一年冬十有一月丁酉，楚師滅蔡。

右四著例。

右入、滅，大國、次國同例，然大國未有見也。

〔二〕壬子，宋本原作「壬午」，據左傳、公羊、穀梁校改。

〔三〕宋本原脱「陳」字，據左傳、公羊、穀梁校補。

滅國以君歸殺之附

僖二十六年秋，楚人滅夔，以夔子歸。傳謂夔子不祀其祖〔一〕，楚人讓之，而夔子終不祀也，故楚人滅夔。夫有不祀之罪，而且致怒大國者，取亡之道，春秋譏焉，故不月以見之。國滅，故不月，則以歸不得而日也。

定四年夏四月庚辰，蔡公孫姓帥師滅沈，以沈子嘉歸，殺之。

定六年春王正月癸亥，鄭游速帥師滅許，以許男斯歸。

定十四年二月辛巳，楚公子結、陳公孫佗人帥師滅頓，以頓子牂歸。

定十五年二月辛丑，楚子滅胡，以胡子豹歸。

右五，著例四，其變例一。

國君滅

昭二十三年秋七月戊辰，吳敗頓、胡、沈、蔡、陳、許之師于雞父，胡子髡、沈子逞滅。

〔一〕左傳作「夔子不祀祝融與鬻熊。」

右一著例。

誘殺國君

昭十一年夏四月丁巳，楚子虔誘蔡侯般，殺之于申。

右一著例。

盜殺國君

哀四年春王二月庚戌，盜殺蔡侯申。

右一著例。

執國君用之

僖十九年夏六月己酉，邾人執鄫子用之。

右一著例。

弑君

隱四年春二月戊申，衞州吁弑其君完。

桓二年春王二月戊申，宋督弑其君與夷及其大夫孔父。

莊八年冬十有一月癸未，齊無知弑其君諸兒。

莊十二年秋八月甲午，宋萬弑其君捷及其大夫仇牧。

僖十年春王正月，晉里克弑其君卓及其大夫荀息。失日。

文元年冬十月丁未，楚世子商人弑其君頵[一]。

文十四年九月甲申，齊公子商人弑其君舍。

文十六年冬十有一月，宋人弑其君杵臼。失日。

文十八年夏五月戊戌，齊人弑其君商人。

是年冬十月，莒弑其君庶其。失日。

宣二年秋九月乙丑，晉趙盾弑其君夷皋。

宣四年夏六月乙酉，鄭公子歸生弑其君夷。

宣十年夏五月癸巳，陳夏徵舒弑其君平國。

成十八年春王正月庚申，晉弑其君州蒲。

[一] 左傳作「楚世子商臣弑其君頵」，公羊、穀梁作「楚世子商臣弑其君髡。」

襄二十五年夏五月乙亥，齊崔杼弑其君光。

襄二十六年春王二月辛卯，衞甯殖弑其君剽。

襄三十年夏四月，蔡世子般弑其君固。失日。

襄三十一年十有一月，莒人弑其君密州。失日。

昭十三年夏四月，楚公子比自晉歸于楚〔二〕，弑其君虔于乾溪。失日。

昭十九年夏五月戊辰，許世子止弑其君買。

定十三年冬，薛弑其君比。失月。

哀六年秋七月庚寅，齊陳乞弑其君舒〔三〕。

右二十二，著例十六，其失月者一，失日者五。弑君父，天下之大惡，春秋於其辭不加譏貶焉，亦不區區以日月例見也。其失日月者，闕之，志臣子不謹而已。

〔二〕「楚公子比自晉歸于楚」，通志堂經解本作「楚公子比自楚歸于晉」。

〔三〕「舒」，左傳、穀梁作「荼」，公羊作「舍」。

卒

隱三年八月庚辰，宋公和卒。

桓十四年冬十有一月丁巳[一]，齊侯禄父卒。

莊二年冬十有二月乙酉，宋公馮卒。

僖九年春王三月丁亥[二]，宋公御説卒。

是年九月甲子，晉侯詭諸卒。

僖十七年冬十月乙亥[三]，齊侯小白卒。

僖二十三年夏五月庚寅，宋公兹父卒。

僖二十四年冬，晉侯夷吾卒。失月。

僖二十七年夏六月庚寅，齊侯昭卒。

[一] 「桓十四年冬十有一月丁巳」，通志堂經解本作「桓十四年冬十有二月丁巳」。

[二] 「僖九年春王三月丁亥」，通志堂經解本作「僖九年春王正月丁丑」。

[三] 「僖十七年冬十月乙亥」，通志堂經解本作「僖十七年冬十有二月乙亥」。

僖三十二年冬十有二月己卯，晉侯重耳卒。

文六年八月乙亥，晉侯驩卒。

文七年夏四月，宋公王臣卒。失日。

文十四年夏五月乙亥，齊侯潘卒。

文十八年春王二月，秦伯罃卒。失日。

宣四年春王正月，秦伯稻卒。失日。

宣九年九月辛酉，晉侯黑臀卒于扈。

宣十年夏四月己巳，齊侯元卒。

宣十八年七月甲戌，楚子旅卒。

成二年秋八月壬午，宋公鮑卒。

成九年七月丙子，齊侯無野卒。

成十年夏五月丙午，晉侯獳卒。

成十五年夏六月，宋公固卒。失日。

襄十三年九月庚辰，楚子審卒。
襄十五年十有一月癸亥，晉侯周卒。
襄十九年七月辛卯，齊侯環卒。
襄二十八年十有二月乙未，楚子昭卒。
昭元年十有一月己酉，楚子麇卒。
昭十年秋七月戊子[二]，晉侯彪卒。
是年十有二月甲子，宋公成卒。
昭十六年秋八月己亥，晉侯夷卒。
昭二十五年十有一月己亥，宋公佐卒于曲棘。
昭二十六年九月庚申，楚子居卒。
昭三十年六月庚辰，晉侯去疾卒。
哀五年秋九月癸酉，齊侯杵臼卒。

[二] 「七月」，通志堂經解本作「秋七月」。

哀六年秋七月庚寅，楚子軫卒。
哀十年三月戊戌，齊侯陽生卒。
右大國卒三十六，著例三十一，其失月者一，失日者四。
隱八年夏六月己亥，蔡侯考父卒。
桓五年春正月甲戌、己丑，陳侯鮑卒。再著日，義具經解。
桓十一年夏五月癸未，鄭伯寤生卒。
桓十二年八月壬辰，陳侯躍卒。
桓十七年六月丁丑，蔡侯封人卒。
莊元年冬十月乙亥，陳侯林卒。
莊二十一年夏五月辛酉，鄭伯突卒。
莊二十五年夏五月癸丑，衞侯朔卒。
僖十二年十有二月丁丑，陳侯杵臼卒。
僖十四年冬，蔡侯肸卒。失月。

僖二十五年夏四月癸酉，衛侯燬卒。
僖二十八年六月，陳侯款卒。失日。
僖三十二年夏四月己丑，鄭伯捷卒。
文十三年夏五月壬午，陳侯朔卒。
宣三年冬十月丙戌，鄭伯蘭卒。
宣九年冬十月癸酉，衛侯鄭卒。
宣十七年正月丁未[二]，蔡侯申卒。
成二年秋八月庚寅，衛侯速卒。
成四年三月壬申，鄭伯堅卒。
成六年夏六月壬申，鄭伯費卒。
成十四年冬十月庚寅，衛侯臧卒。
襄二年六月庚辰，鄭伯睔卒。

[二] 「宣十七年正月丁未」，通志堂經解本作「宣十七年春王正月丁未」。

襄四年春王三月己酉，陳侯午卒。

襄七年冬十有二月，鄭伯髡頑如會，未見諸侯。丙戌，卒于鄵。

襄二十九年夏五月庚午，衛侯衎卒。

昭七年八月戊辰，衛侯惡卒。

昭八年夏四月辛丑，陳侯溺卒。

昭十二年三月壬午，鄭伯嘉卒。

昭二十年十有一月辛卯，蔡侯盧卒。

昭二十三年夏六月，蔡侯東國卒于楚。失日。

昭二十八年夏四月丙戌，鄭伯寧卒。

定四年春王二月癸巳，陳侯吴卒。

定八年秋七月戊辰，陳侯柳卒。

定九年夏四月戊申，鄭伯蠆卒。

哀二年四月丙子，衛侯元卒。

右次國卒三十五，著例三十二，其失月者一，失日者二。

隱七年春王三月，滕侯卒。失日。

隱八年夏六月辛亥，宿男卒。

桓十年正月庚申，曹伯終生卒。

莊十六年冬十有二月，邾子克卒。失日。

莊二十三年冬十有一月，曹伯射姑卒。失日。

莊二十八年四月丁未，邾子瑣卒。

莊三十一年夏四月，薛伯卒。失日。

僖四年夏，許男新臣卒。失日。

僖七年秋七月，曹伯班卒。失日。

僖二十三年十有一月，杞子卒。失日。

文五年冬十月甲申，許男業卒。

文九年秋八月，曹伯襄卒。失日。

文十三年夏五月壬午，邾子籧篨卒。

宣九年八月，滕子卒。失日。

宣十七年春王正月庚子，許男錫我卒。

成十三年夏五月，曹伯廬卒于師。失日。

成十四年春王正月，莒子朱卒。失日。

成十六年夏四月辛未，滕子卒。

成十七年十有二月，邾子貜且卒。失日。

襄六年春王三月壬午，杞伯姑容卒。

襄十七年春王二月庚午，邾子牼卒。

襄十八年十月，曹伯負芻卒于師。失日。

襄二十三年三月己巳，杞伯匄卒。

襄二十六年八月壬午，許男甯卒于楚。

昭元年六月丁巳，邾子華卒。

昭三年春王正月丁未，滕子原卒。

昭六年春王正月，杞伯益姑卒。失日。

昭十四年三月，曹伯滕卒。失日。

是年八月，莒子去疾卒。失日。

昭十八年春王三月，曹伯須卒。失日。

昭二十四年八月丁酉，杞伯郁釐卒。

昭二十七年冬十月，曹伯午卒。失日。

昭二十八年七月癸巳，滕子寧卒。

昭三十一年夏四月丁巳，薛伯穀卒。

定三年三月辛卯，邾子穿卒。

定四年夏五月，杞伯成卒于會。失日。

定八年三月，曹伯露卒。失日。

定十二年春，薛伯定卒。失月。

哀四年秋八月甲寅，滕子結卒。

哀八年冬十有二月癸亥，杞伯過卒。

哀十年五月，薛伯夷卒。失日。

哀十一年秋七月辛酉，滕子虞母卒。

哀十三年夏，許男成卒。

右小國卒四十三，著例二十，其失月二，其失日二十一。小國赴告之禮，有不備，故其失日月者特多也。且又不名者七，然後知赴告之禮不備明矣。春秋以人之善惡皆見於行事，亦無事於死而後爲之譏貶，故雖闕日之多不嫌也，志臣子不謹而已矣。

西疇居士春秋本例卷第十四

涪陵崔氏

凡外事門

例月

諸侯盟離盟則不月

隱二年冬十月，紀子帛、莒子盟于密。離盟不月。承伯姬歸月。

隱三年冬十有二月，齊侯、鄭伯盟于石門。離盟不月，爲葬宋公月。

隱八年秋七月庚午，齊侯、宋公、衛侯盟于瓦屋。傳謂諸侯之參盟，於是焉始，故謹而日之[一]，或然也。其詳具經解。

僖二年秋九月，齊侯、宋公、江人、黄人盟于貫。

僖十九年六月，宋公、曹人、邾人盟于曹南[二]。鄫子會盟于邾[三]。

文十五年冬十一月，諸侯盟于扈。

宣十一年夏，楚子、陳侯、鄭伯盟于辰陵。楚子之與陳、鄭盟，謀以討陳亂而安鄭也，然終以入陳而納其姦人。又明年圍鄭，以楚子不信其盟甚矣，故不月以見譏。

定七年秋，齊侯、鄭伯盟于鹹。離盟。

是秋，齊侯、衛侯盟于沙。離盟。

定八年冬，衛侯、鄭伯盟于曲濮。離盟。

右十，著例八，其變例二。

[一] 穀梁隱公第一曰：「諸侯之參盟，於是始，故謹而日之也。」

[二] 公羊作：「夏六月，宋人、曹人、邾婁人盟于曹南。」

[三] 公羊作：「鄫子會盟于邾婁。」

立君

隱四年冬十有二月，衛人立晉。

右一著例。

執國君以伐、以歸附

僖二十一年秋，宋公、楚子、陳侯、蔡侯、鄭伯、許男、曹伯會于盂，執宋公以伐宋。

凡大國執例月，此特譏之而以時志，猶曰爲中國恥，故略之也。

僖二十八年冬，晉人執衛侯，歸之于京師。承天王狩河陽，故不月。

成九年秋七月，晉人執鄭伯。

右三，著例一，其變例一，其闕文一。

獲國君

僖十五年十有一月〔二〕，晉侯及秦伯戰于韓，獲晉侯。

〔二〕「僖十五年十有一月」，通志堂經解本作「僖十五年十有一月壬戌」。

右一著例。

釋國君

僖二十一年十有二月癸丑，公會諸侯，盟于薄，釋宋公。承盟日。

右一著例。

國君奔

桓十一年九月，鄭忽出奔衛。

桓十五年五月，鄭伯突出奔蔡。

桓十六年十有二月，衛侯朔出奔齊。

僖二十八年夏四月，衛侯出奔楚。

文十二年春王正月，郕伯來奔。

襄十四年夏四月己未，衛侯出奔齊。是時孫林父費逐其君，春秋惡焉，故不名衛侯以見之，又加日以謹林父之惡也。

昭二十一年冬，蔡侯朱出奔楚。般以誘殺，有執而用焉，朱顧不能復讎，而又奔之，春秋賤焉，故不月以譏。

右七，著例五，其變例二。

國君歸

桓十五年五月，鄭世子忽復歸于鄭。

僖二十八年六月，衛侯鄭自楚復歸于衛。

襄二十六年春王二月甲午，衛侯衎復歸于衛。辛卯而剽弒，甲午而衎入；剽之弒，衎與有力焉。故加日以見之。

昭十三年八月，蔡侯廬歸于蔡。

是月，陳侯吴歸于陳。

右五，著例四，其變例一。

國君入

桓十五年秋九月，鄭伯突入于櫟。

莊六年夏六月，衛侯朔入于衛。

襄二十五年秋八月，衛侯入于夷儀。

右三著例。

右奔、歸、入，大國、次國同例，然大國未有見也。

敗小國

僖十五年冬，楚人敗徐于婁林。三年，徐人取舒。舒，楚屬也。蓋徐人恃齊而取之，及桓德既衰，而後楚亟伐徐，敗之婁林。徐之禍，有以自取之，春秋譏焉，故不月以見之。

右一變例。

入小國

隱二年夏五月，無駭帥師入極。

隱十一年秋七月壬午，公及齊侯、鄭伯入許。是時桓公羽父爲亂，公不能靖内難，至於身弑而不知，而顧入人之國，亦不知務矣，故加日以見譏。

桓二年九月，入杞。

僖二十年五月，鄭人入滑。

僖二十七年秋八月乙巳，公子遂帥師入杞。是年杞子來朝。夫春接其君，秋入其國，以内爲過矣，故加日以見譏。

僖二十八年三月丙午，晉侯入曹。晉侯入曹而執曹伯畀宋人，晉又於是失正矣，故加日以見譏。

僖三十三年春王三月〔二〕，秦人入滑。

文五年夏，秦人入鄀。傳謂鄀叛楚即秦，而又貳於楚，故秦人入鄀〔三〕，猶信也。蓋鄀之禍，有以自取之，故不月以見譏。

昭十八年六月，邾人入鄅。

哀七年秋，公伐邾。八月己酉，入邾。解具「公伐」下。

哀八年春王正月，宋公入曹，以曹伯陽歸。

右十一，著例七，其變例四。

〔二〕「僖三十三年春王三月」，通志堂經解本作「僖三十三年春王二月」。

〔三〕左傳：「初，鄀叛楚即秦，又貳於楚。夏，秦人入鄀。」

滅小國君奔附

莊十年冬十月，齊師滅譚，譚子奔莒。

莊十三年夏六月，齊人滅遂。

僖二年夏五月，虞師、晉師滅夏陽。

僖五年秋八月，楚人滅弦，弦子奔黄。

僖十二年夏，楚人滅黄。

文四年秋，楚人滅江。江、黄，漢東之國，而屬於楚。聞齊桓之興，不内自度，遽欲背楚而親中國。桓公方欲事楚，故貫之盟、陽穀之會，實從黄、江之人以謀楚。明年，遂興召陵之師。楚既内服，江、黄遂會伐陳，則楚之有怒於兩國可知矣。及桓德既衰，楚益内侮。僖之十二年，楚伐黄而遂滅黄，至此楚伐江而遂滅江也。夫爲國不知所以自謀而致怒大國者，取亡之道，春秋譏焉，故不月以見之。

文五年秋，楚人滅六。春秋滅國變日月之例者八，江、黄、夔、六、項、鄫、巢、徐是也，蓋譏其有以自取滅亡之禍而已。然六之罪，未有見焉。春秋以例著者，不疑矣，不然或月闕耳。襄六年秋，莒人滅鄫。鄫故莒屬也，欲去莒而附魯，故前年叔孫豹、鄫世子如晉，明年又會戚，傳所謂「公請屬鄫」

是也〔二〕。夫小國之政，不安其舊而新是圖，以致怨於人者，取亡之道，春秋譏焉，故不月以見之。

是年十有二月，齊侯滅萊。

昭四年秋七月，楚子、蔡侯、陳侯、許男、頓子、胡子、沈子、淮夷伐吴，遂滅賴。

右十，著例六，其變例四。

右敗、入、滅，小國、微國同例。

戕國君

宣十八年秋七月，邾人戕鄫子于鄫。戕國君，重事，例當日。諸侯卒則名，鄫子不名不日，見微國赴告不備。

右一著例。

克

隱元年夏五月，鄭伯克段于鄢。

右一著例。

〔二〕左傳：「冬，公如晉聽政，晉侯享公，公請屬鄫。」

亡

僖十九年冬，梁亡。梁之亡也，不以月志，然後知諸國有以自取滅亡之禍者，其不月明矣。

右一變例。

國遷

莊十年三月，宋人遷宿。

閔二年春王正月，齊人遷陽。

僖元年夏六月，邢遷于夷儀。

僖三十一年十有二月，衞遷于帝丘。

成十五年冬十有一月，許遷于葉。

昭九年春，許遷于夷。許自此至定之四年，二十五年之間，凡三遷都焉。夫國家之政，士民之居，何可數遷？數遷則下騷動而亦不足以爲國矣。春秋譏焉，故不月以見之。

昭十八年冬，許遷于白羽。

定四年六月，許遷于容城。承葬陳惠公月。

哀二年冬十有一月，蔡遷于州來。

右九，著例六，其變例三。

國潰

僖四年春王正月，公會齊侯、宋公、陳侯、衛侯、鄭伯、許男、曹伯，侵蔡，蔡潰。

文三年春王正月，叔孫得臣會晉人、宋人、陳人、衛人、鄭人，伐沈，沈潰。

成九年冬十有一月，楚公子嬰齊伐莒。庚申，莒潰，楚人入鄆。解具「入鄆」下。

右三著例。

葬

隱三年十有二月癸未，葬宋繆公。

桓十五年夏四月己巳，葬齊僖公。

莊三年夏四月，葬宋莊公。

莊九年七月丁酉，葬齊襄公。

僖十七年冬十有二月乙亥〔一〕，葬齊桓公。

僖二十七年秋八月乙未，葬齊孝公。

僖三十三年夏四月癸巳，葬晉文公。

文六年冬十月，葬晉襄公。

宣十年六月，葬齊惠公。

成三年二月乙亥，葬宋文公。

成九年冬十有一月，葬齊頃公。

成十五年八月庚寅〔二〕，葬宋共公。

襄十六年春王正月，葬晉悼公。

襄十九年冬，葬齊靈公。

昭十年九月，葬晉平公。

〔一〕「僖十七年冬十有二月乙亥」，通志堂經解本作「僖十八年秋八月丁亥」。

〔二〕「成十五年八月庚寅」，通志堂經解本作「成十五年八月庚辰」。

昭十一年春王二月，葬宋平公。

昭十六年冬十月，葬晉昭公。

昭二十六年正月〔二〕，葬宋元公。

昭三十年秋八月，葬晉頃公。

哀五年閏月，葬齊景公。

哀十年五月，葬齊悼公。

右大國葬二十一，著例十二，其變例九。加日者八，不月者一。

隱五年夏四月，葬衛桓公。

桓五年夏，葬陳宣公〔三〕。

桓十一年秋七月，葬鄭莊公。

桓十三年三月，葬衛宣公。

〔二〕「昭二十六年正月」，通志堂經解本作「昭二十六年春王正月」。

〔三〕「葬陳宣公」，通志堂經解本作「葬陳桓公」。

桓十七年八月癸巳，葬蔡桓侯。
莊二年春王二月，葬陳莊公。
莊二十一年冬十有二月，葬鄭厲公。
僖十三年夏四月，葬陳宣公。
僖二十五年秋，葬衛文公。
宣三年冬十月，葬鄭穆公。
宣十二年春，葬陳靈公。
宣十七年夏，葬蔡文公。
成三年春王正月辛亥，葬衛穆公。
成四年夏四月，葬鄭襄公。
成十五年春王二月，葬衛定公。
襄四年秋七月，葬陳成公。
襄八年夏，葬鄭僖公。

襄二十九年秋九月，葬衛獻公。

襄三十年冬十月，葬蔡景公。

昭七年十有二月癸亥，葬衛襄公。

昭八年冬十月壬午，葬陳哀公。此加日，隱之也，亡國之葬也。與葬紀伯姬、紀叔姬同例。

昭十二年五月，葬鄭簡公〔一〕。

昭十三年冬〔二〕，葬蔡靈公。

昭二十一年春王三月，葬蔡平公。

昭二十二年六月，葬鄭定公。

定四年六月，葬陳惠公。

定八年九月，葬陳懷公。

定九年六月，葬鄭獻公。

〔一〕本條，宋本作「昭十六年五月，葬鄭簡公」，據通志堂經解改。

〔二〕「昭十三年冬」，通志堂經解本作「昭十三年冬十月」。

哀二年冬十月，葬衛靈公。

哀四年冬十有二月，葬蔡昭公。

右次國葬三十，著例二十一，其變例九。加日者三，不月者六，其一亡國之葬。

右大國、次國之葬，例月。其越禮而葬者，僭也，故加日以見之；其不及禮而葬者，逼也，故去月以見之。傳稱宋華元、樂舉厚葬文公，今宋文之葬，實日；衛文侯之儉也，今衛文之葬，實不月。以類考之，可知矣。古人以送死可當大事，故春秋以葬禮爲重，於其有過不及者，皆明著以見譏焉。是以大國之僭禮者多，而次國之僭禮者少；次國不及禮者多，而大國之不及者少：理勢然也，蓋惟天子無僭而小國無逼耳。

西疇居士春秋本例卷第十五

涪陵崔氏

凡外事門

例時

諸侯會

桓二年秋七月，蔡侯、鄭伯會于鄧。承紀侯朝月。

莊十五年春，齊侯、宋公、陳侯、衛侯〔二〕、鄭伯會于鄄。

僖三年秋，齊侯、宋公、江人、黄人會于陽穀。

僖二十二年秋〔三〕，宋公、楚子、陳侯、蔡侯、鄭伯、許男、曹伯會于盂。

文十七年六月，諸侯會于扈。承公盟月。

宣九年秋九月，晉侯、宋公、衛侯、鄭伯、曹伯、會于扈。承晉侯卒月。

定十年冬，齊侯、衛侯、鄭游速會于安甫。

定十四年秋，齊侯、宋公會于洮。

右八著例。

大夫盟

桓十一年春正月，齊人、衛人、鄭人盟于惡曹。是三國，來戰之人也。彼恃强凌我，不約而來戰，又復同盟以固其惡，春秋惡焉，故加月以見譏。

〔二〕「衛侯」，宋本無，據通志堂經解本補。

〔三〕「僖二十二年秋」，通志堂經解本作「僖二十一年秋」。

僖二十一年春，宋人、齊人、楚人盟于鹿上。

宣十二年冬十有二月，晉人、宋人、衛人、曹人同盟于清丘。承滅蕭月。

右三，著例二，其變例一。

大夫會

襄三十年冬十月，晉人、齊人、宋人、衛人、鄭人、曹人、莒人、邾人、滕人、薛人、杞人、小邾人會于澶淵。宋灾故。承葬蔡景公月。

昭二十七年秋，晉士鞅、宋樂祁犂、衛北宫喜、曹人、邾人、滕人會于扈。

右二著例。

相如

桓五年夏，齊侯、鄭伯如紀。

是年冬，州公如曹。

右二著例。

如會如師

僖二十八年五月，陳侯如會。承盟月。

成二年秋七月，齊侯使國佐如師。爲盟月。

襄三年夏六月，陳侯使袁僑如會。承盟月。

襄七年十有二月，鄭伯髡頑如會。承會月。

右四著例。

乞盟

僖八年春王正月，鄭伯乞盟。承盟月。

右一著例。

平

宣十五年夏五月，宋人及楚人平。稱人以平，平在下也，故加月以見譏。詳具經解。

右一變例。

還

襄十九年秋七月，晉士匄帥師侵齊。至穀[二]，聞齊侯卒，乃還。承齊侯卒月。

右一著例。

次

莊十年六月[三]，齊師、宋師次于郎。爲敗宋師月。

僖元年春王正月，齊師、宋師、曹師次于聶北。承元年正月。

文十年冬，楚子、蔡侯次于厥貉。

定九年秋，齊侯、衛侯次于五氏。

定十三年春，齊侯、衛侯次于垂葭。

定十五年夏五月，齊侯、衛侯次于蘧篨。承郊月。

右六著例。

[二] 「至穀」，宋本無，據通志堂經解本補。

[三] 「莊十年六月」，通志堂經解本作「莊十年夏六月」。

遇

隱八年春，宋公、衞侯遇于垂。

莊四年夏，齊侯、陳侯、鄭伯遇于垂。

莊三十二年夏，宋公、齊侯遇于梁丘。

右三著例。

以

桓十四年冬十有二月，宋人以齊人、蔡人、衞人、陳人伐鄭。

定四年冬十有一月〔二〕，蔡侯以吴子及楚人戰于柏舉。

右二，解具本事下。

逃歸不盟附

僖五年秋八月，鄭伯逃歸，不盟。承盟月。

〔二〕「定四年冬十有一月」，通志堂經解本作「定四年冬十有二月」。

右一著例。

大去

莊四年夏，紀侯大去其國。

右一著例。

小國君奔

莊二十四年冬，曹羈出奔陳。

昭元年秋，莒展輿出奔吴。

昭三年冬，北燕伯欵出奔齊。

昭二十三年秋七月，莒子庚輿來奔。爲敗雞父月。

哀十年春王三月，邾子益來奔。邾子之前年以來，今又奔之，以益爲賤而無恥矣，故加月以見譏。

右五，著例四，其變例一。

小國君歸

僖二十八年冬，曹伯襄復歸于曹。

成十六年秋，曹伯歸自京師。

右二著例。

執小國君畀附，歸于附

僖五年冬，晉人執虞公。

僖十九年春王三月，宋人執滕子嬰齊。滕子之名，失地之君也。夫諸侯有失地者，諸侯相與納之蓋可也。今宋襄圖霸，不能懷綏小國，又因其微弱而遂執之。以宋爲不義，故加月以見譏。

僖二十八年三月丙午，晉侯入曹，執曹伯，畀宋人。解具「入曹」下。

成十五年三月，晉侯執曹伯，歸于京師。承盟月。

襄十六年三月，晉人執莒子、邾子以歸。承盟月。

襄十九年春王正月，晉人執邾子。承盟月。

昭四年夏，楚人執徐子。

哀四年春王二月，宋人執小邾子。承殺蔡侯月。

右八，著例七，其變例一。

大夫奔

莊十二年冬十月，宋萬出奔陳。萬，弑君之賊。宋人不即討，縱之踰時，而後出奔。以爲其國無臣子矣，故加月以志其久，且見譏也。

僖二十八年六月，衛元咺出奔晉。承衛侯歸月。

文六年冬十月，晉狐射姑出奔狄。承葬晉襄公月。

文七年夏四月，晉先蔑奔秦。承宋公卒月。

文八年十月，宋司城來奔。承盟月。

文十四年九月，宋子哀來奔。承公孫敖卒月。

宣十年夏四月，齊崔氏出奔衛。承日食月。

成七年冬，衛孫林父出奔晉。

成十五年秋八月，宋華元出奔晉。承葬宋襄公月。

是月，宋魚石出奔楚。

成十七年秋，齊高無咎出奔莒。

襄六年夏，宋華弱來奔。

襄十七年九月，宋華臣出奔陳。承雩月。

襄二十年秋，蔡公子履出奔楚。

是秋，陳侯之弟光出奔楚。

襄二十一年王正月，邾庶其以漆閭丘來奔。承公如晉月。

是年秋，晉欒盈出奔楚。

襄二十三年夏，邾畀我來奔。

襄二十四年冬，陳鍼宜咎出奔楚。

襄二十七年夏，衛侯之弟鱄出奔晉。

襄二十八年夏，衛石惡出奔晉。

是年冬，齊慶封來奔。

襄二十九年秋九月，齊高止出奔北燕。承葬衛獻公月。

襄三十年秋七月，鄭良霄出奔許。承葬宋姬月。

昭元年夏，秦伯之弟鍼出奔晉。

是年冬十有一月，楚公子比出奔晉。承楚子卒月。

昭五年夏，莒牟夷以牟婁及防茲來奔。

昭六年夏，宋華合比出奔衛。

昭八年夏四月，陳公子留出奔鄭。承陳侯卒月。

昭十年夏，齊欒施來奔。

昭十五年夏，蔡朝吳出奔鄭。

昭二十年夏，曹公孫會自鄸出奔宋。

是年冬十月，宋華亥、向寧、華定出奔陳。大國三卿，今相與同惡。一旦出奔，臣既罪惡，君亦孤露，上下不協，莫此之甚，故加月以見譏。

昭二十二年春，宋華亥、向寧、華定自宋南里出奔楚〔一〕。

昭三十一年冬，黑肱以濫來奔。

〔一〕「出奔楚」，宋本作「出奔陳」，據左傳、公羊、穀梁改。

定四年冬十有一月，楚囊瓦出奔鄭。承吳楚戰月。

定十年秋，宋樂大心出奔曹。

是年冬，宋公之弟辰暨仲佗、石彄出奔陳。

定十四年春，衛公叔戍來奔。

是春，晉趙陽出奔宋。

是年秋，衛世子蒯聵出奔宋。

是秋，衛公孟彄出奔鄭。

是秋，宋公之弟辰自蕭來奔。

哀四年春王二月，蔡公孫辰出奔吳。承殺蔡侯月。

哀六年夏，齊國夏及高張來奔。

哀十一年夏，陳袁頗出奔鄭。

是年冬十有一月，衛世叔齊出奔宋。承葬滕隱公月。

右四十七，著例四十五，其變例二。

大夫歸

桓十一年九月，突歸于鄭。爲會盟月。

桓十七年秋八月，蔡季自陳歸于蔡。承蔡侯卒月。

莊二十四年冬，赤歸于曹。

僖二十八年冬，衛元咺自晉復歸于衛。

成十四年夏，衛孫林父自晉歸于衛。

成十五年秋八月，宋華元自晉歸于宋。承葬共公月。

襄二十三年夏，陳侯之弟光自楚歸于陳。

昭十三年夏四月，楚公子比自晉歸于楚。爲弑君月。

定十三年冬，晉趙鞅歸于晉。

哀十年五月，衛公孟彄自齊歸于衛。承葬齊悼公月。

右十著例。

大夫入

桓十五年五月，許叔入于許。承鄭伯奔月。

莊三年秋，紀季以酅入于齊。

莊九年夏，齊小白入于齊。

成十八年夏，宋魚石復入于彭城。

襄二十三年夏，晉欒盈復入于晉，入于曲沃。

襄三十年九月，鄭良霄自許入于鄭。承葬共姬月。

昭元年秋，莒去疾自齊入于莒。

定十一年秋，宋樂大心自曹入于蕭。

右八著例。

叛

襄二十六年春王二月，衞孫林父入于戚以叛。承弑君月。

昭二十一年夏，宋華亥、向寧、華定自陳入于宋南里以叛。

定十一年春，宋公之弟辰及仲佗、石彄、公子地自陳入于蕭以叛。

定十三年秋，晉趙鞅入于晉陽以叛。

是年冬，晉荀盈、士吉射入于朝歌以叛。

右五著例。

二〇二

涪陵崔氏

西疇居士春秋本例卷第十六

凡外事門

例時

殺世子

僖五年春，晉侯殺其世子申生。

襄二十六年秋，宋公殺其世子痤。

昭八年春，陳侯之弟招殺陳世子偃師。

右三著例。

殺君之子

僖九年冬，晉里克殺其君之子奚齊。

右一著例。

執世子用之

昭十一年冬十有一月，楚師滅蔡，執蔡世子有以歸，用之。承滅國月。

右一著例。

殺大夫

莊二十二年春王正月，陳人殺其公子禦寇。承葬月。

莊二十六年夏，曹殺其大夫。

僖七年夏，鄭殺其大夫申侯。

僖十年夏，晉殺其大夫里克。

僖十一年春，晉殺其大夫丕鄭父。

僖二十五年夏四月，宋殺其大夫。承衛侯卒月。

僖二十八年夏四月，楚殺其大夫得臣。承戰城濮月。

僖三十年秋，衛殺其大夫元咺及公子瑕。

文六年冬十月，晉殺其大夫陽處父。承葬晉襄公月。

文七年夏，宋人殺其大夫。

文八年冬十月，宋人殺其大夫司馬。承盟月。

文九年二月，晉人殺其大夫先都。承葬襄王月。

是年三月，晉人殺其大夫士縠及箕鄭父。承夫人至月。

文十年夏，楚殺其大夫宜申。

宣十一年冬十月，楚人殺陳夏徵舒。爲入陳月。

宣十三年冬，晉殺其大夫先縠。

宣十四年春，衛殺其大夫孔達。

成八年夏，晉殺其大夫趙同、趙括。

成十五年秋八月，宋殺其大夫山。承葬宋公月。

成十七年十有二月，晉殺其大夫郤錡、郤犨、郤至。承日食月。

成十八年春王正月，晉殺其大夫胥童。爲弑君月。

是月，齊殺其大夫國佐。

襄二年冬，楚殺其大夫公子申。

襄五年秋，楚殺其大夫公子壬夫。

襄十九年八月，齊殺其大夫高厚。承仲孫蔑卒月。

是月，鄭殺其大夫公子嘉。

襄二十年秋，蔡殺其大夫公子燮。

襄二十二年冬，楚殺其大夫公子追舒。

襄二十三年夏，陳殺其大夫慶虎及慶寅。

是年冬十月，晉人殺欒盈。承臧紇出奔月。

襄二十七年夏，衛殺其大夫甯喜。

襄三十年秋七月，鄭人殺良霄。承葬共姬月。

昭二年秋，鄭殺其大夫公孫黑。

昭四年七月，楚子執齊慶封，殺之。爲滅賴月。

昭五年春王正月，楚殺其大夫屈申。承舍中軍月。

昭八年夏，楚人執陳行人，于徵師殺之。

是年秋，陳人殺其大夫公子過。

昭十二年五月，楚殺其大夫成熊。承葬簡公月。

昭十四年冬，莒殺其公子意恢。

昭二十七年夏，楚殺其大夫郤宛。

哀二年十有一月，蔡殺其大夫公子駟。承蔡遷月。

哀四年夏，蔡殺大夫公孫姓、公孫霍〔二〕。

右四十二著例。

〔二〕 據春秋左傳正義，經文作「蔡殺其大夫公孫姓、公孫霍。」

盗殺大夫

襄十年冬，盗殺鄭公子騑、公子發、公孫輒。

昭二十年秋，盗殺衞侯之兄縶。

哀十三年冬十有一月，盗殺陳夏區夫。承星孛月。

右三著例。

獲大夫

僖元年冬十月，敗莒師于酈[一]，獲莒挐。

宣三年春王二月，宋鄭戰于大棘，獲宋華元。

襄八年夏，鄭侵蔡，獲蔡公子燮。

昭二十三年秋七月，吴敗頓胡、沈、蔡、陳、許之師，獲陳夏齧。

哀十一年夏五月，齊、吴戰艾陵，獲齊國書。

〔一〕 酈，本左傳，公作「犂」，穀作「麗」。

右五，著例一，其四各承戰敗月。

執大夫

桓十一年九月，宋人執鄭祭仲。爲盟月。

莊十七年春，齊人執鄭詹。

僖四年夏，齊人執陳袁濤塗〔一〕。

襄十一年秋，楚人執鄭行人良霄。

襄十八年夏，晉人執衛行人石買。

襄二十六年秋，晉人執衛甯喜。

定元年三月，晉人執宋仲幾于京師。定無正，以三月繼王。

定六年秋〔二〕，晉人執宋行人樂祁犂。

定七年秋，齊人執衛行人北宫結以侵衛。

〔一〕袁濤塗，公、穀同，左傳作轅濤塗。

〔二〕「定六年秋」，宋本作「定六年春」，據左傳、公羊、穀梁改。

右九著例。

放大夫

宣元年夏，晉放其大夫胥甲父于衛。

昭八年冬十月，楚師滅陳，執公子招，放之于越。承滅陳月。

哀三年秋，蔡人放其大夫公孫獵于吴。

右三著例。

討賊

隱四年九月，衛人殺州吁于濮。衛人不即討賊，踰九月而僅能殺之于濮，故加月以見之。

桓六年八月，蔡人殺陳佗。承大閲月。

莊九年春，齊人殺無知。

昭十三年夏四月，楚公子棄疾殺公子比。承弑君月。

右四，著例三，其變例一。

西疇居士春秋本例卷第十七

涪陵崔氏

凡外事門

例時

侵

莊十五年秋，鄭人侵宋。

莊二十九年夏，鄭人侵許。

僖二年冬十月，楚人侵鄭。承不雨月。

僖二十八年春，晉侯侵曹。

僖三十年秋，介人侵蕭。

宣元年秋[一]，楚子、鄭人侵陳，遂侵宋。

是年冬，晉趙穿帥師侵崇[二]。

宣二年夏，晉人、宋人、衛人、陳人侵鄭。

宣三年夏，楚人侵鄭。

成二年冬，楚師、鄭師侵衛。

成六年二月，衛孫良夫帥師侵宋。承立武宫月。

成八年春，晉欒書帥師侵蔡。

成十年春，衛侯之弟黑背帥師侵鄭。

成十六年夏四月，鄭公子喜帥師侵宋。承卒月。

成十七年春，衛北宫括帥師侵鄭。

[一]「宣元年秋」，宋本作「宣元年冬」，據左傳、公羊、穀梁改。

[二]「趙穿」，宋本作「趙盾」，據左傳、穀梁改。

成十八年冬，楚人、鄭人侵宋。

襄二年六月，晉師、宋師、衛甯殖侵鄭。承鄭伯卒月。

襄八年夏，鄭人侵蔡。

襄十一年夏四月，鄭公孫舍之帥師侵宋。承卜郊月。

襄十二年冬，楚公子貞帥師侵宋。

襄十九年秋七月，晉士匄帥師侵齊。爲齊侯卒月。

定七年秋，齊人執衛行人北宮結以侵衛。

定八年秋七月，晉士鞅帥師侵鄭，遂侵衛。承陳侯卒月。

哀七年春，宋皇瑗帥師侵鄭。

是春，晉魏曼多帥師侵衛。

哀十年夏，晉趙鞅帥師侵齊。

哀十三年秋，晉魏曼多帥師侵衛。

右二十七著例。

伐

隱二年十有二月，鄭人伐衛。承子氏薨月。

隱四年春王二月，莒人伐杞。爲弒君月。

是年，宋公、陳侯、蔡侯、衛人伐鄭。

隱五年九月，邾人、鄭人伐宋。承考宫月。

是年冬十有二月，宋人伐鄭。承公子卒月。

隱十年秋，宋人、衛人、蔡人伐戴。

桓五年秋，蔡人、衛人、陳人從王伐鄭。

桓十四年冬十有二月，宋人以齊人、蔡人、衛人、陳人伐鄭。承齊侯卒月。

莊十四年春，齊人、陳人、曹人伐宋。

莊十五年秋，宋人、齊人、邾人伐郳。

莊十六年夏，宋人、齊人、衛人伐鄭。

莊二十八年春王正月甲寅，齊人伐衛。爲戰月。

僖元年秋七月，楚人伐鄭。承夫人薨月。

僖三年冬，楚人伐鄭。

僖七年春，齊人伐鄭。

僖十一年冬，楚人伐黄。

僖十五年春王正月，楚人伐徐。承公如月。

是年秋七月，齊師、曹師伐厲。厲，楚屬也。傳曰「伐厲以救徐」是也〔一〕。桓以安中國、撫諸侯爲己任，不能却楚以救徐，而顧伐厲，厲何罪焉？伐國以救國，未可以公天下也。於桓爲病矣，故加月以見譏。

是年冬，宋人伐曹。

僖十八年春王正月，宋公、曹伯、衛人、邾人伐齊。十二月，齊侯卒。不正四國之伐喪，故加月以見譏。

是年冬，邢人、狄人伐衛。

〔一〕左傳：「秋，伐厲以救徐也。」

僖十九年冬，衞人伐邢。

僖二十年冬，楚人伐隨。

僖二十一年秋，會于盂，執宋公以伐宋。

僖二十二年夏，宋公、衞侯、許男、滕子伐鄭。

僖二十三年春，齊侯伐宋。

是年秋，楚人伐陳。

僖二十六年冬，楚人伐宋。

僖二十八年春，晉侯伐衞。

文元年夏四月，晉侯伐衞。承葬僖公月。

是月，衞人伐晉。

文二年冬，晉人、宋人、陳人、鄭人伐秦〔二〕。

文三年夏五月，秦人伐晉。承王子虎卒月。

〔二〕「伐秦」，宋本作「伐蔡」，據左傳、公羊、穀梁改。

是年冬，晋阳處父伐楚。承公盟月。

文七年冬，徐伐莒。

文九年三月，楚人伐鄭。承夫人至月。

文十年夏，秦伐晋。

文十一年春，楚子伐麇。

文十七年春，晋人、衛人、陳人、鄭人伐宋。

宣元年冬，晋人、宋人伐鄭。

是年秋，宋公、陳侯、衛侯、曹伯會晋師于棐林，伐鄭。

宣二年春王二月，秦師伐晋。承戰月。

宣四年冬，楚子伐鄭。

宣五年冬，楚人伐鄭。

宣八年六月，晋師、白狄伐秦。承有事月。

宣九年夏，齊侯伐萊。

是年九月，晉荀林父帥師伐陳。爲晉侯卒月。

是年冬十月，楚子伐鄭。承衛侯卒月。

宣十年六月，晉人、宋人、衛人、曹人伐鄭。承葬齊惠公月。

是月，宋師伐滕。

宣十二年冬十有二月，宋師伐陳。承滅蕭月。

宣十三年春，齊師伐莒。

是年夏，楚子伐宋。

宣十四年夏五月，晉侯伐鄭。承曹伯卒月。

宣十五年六月，秦人伐晉。承滅潞月。

宣十八年，晉侯、衛世子臧伐齊。

成三年夏，鄭公子去疾帥師伐許。

是年冬十有一月，鄭伐許。承盟月。

成四年冬，鄭伯伐許。

成六年秋，楚公子嬰齊帥師伐鄭。承齊侯卒月。

成九年秋七月，晉欒書帥師伐鄭。

是年冬十有一月，秦人、白狄伐晉。承葬齊頃公月。

是月，楚公子嬰齊帥師伐莒。

成十四年秋，鄭公子喜帥師伐許。

成十五年夏六月，楚子伐鄭。承宋公卒月。

成十八年夏，楚子、鄭伯伐宋。

襄元年夏，晉韓厥帥師伐鄭。

襄二年春王正月，鄭師伐宋〔一〕。承葬簡王月。

襄三年冬，晉荀罃帥師伐許。

襄五年冬，楚公子貞帥師伐陳。

襄八年冬，楚公子貞帥師伐鄭。

〔一〕「鄭師伐宋」，通志堂經解本作「鄭伯伐宋」。

襄九年冬十有二月，楚子伐鄭。承盟戲月。

襄十年夏五月，楚公子貞、鄭公子輒帥師伐宋。承滅偪陽月。

襄十一年秋七月，楚子、鄭伯伐宋。承盟月。

是年冬，秦人伐晉。

襄十七年春王二月，宋人伐陳。承邾子卒月。

是年夏，衛石買帥師伐曹。

襄十八年冬十月，楚公子午帥師伐鄭。承曹伯卒月。

襄十九年夏，衛孫林父帥師伐齊。

襄二十四年秋七月，齊崔杼帥師伐莒。承日食月。

襄二十五年冬，鄭公子夏帥師伐陳。

襄二十六年冬，楚子、陳侯、蔡侯伐鄭。

昭六年冬，齊侯伐北燕。

昭十六年春，齊侯伐徐。

昭十九年春，宋公伐邾。

是年秋，齊高發帥師伐莒。

昭二十二年春，齊侯伐莒。

定十二年夏，衞公孟彄帥師伐曹。

定十三年夏，衞公孟彄帥師伐曹。

定十五年夏，鄭罕達帥師伐宋。

哀元年秋，齊侯、衞侯伐晉。

哀三年五月，宋樂髡帥師伐曹。承桓宫災月。

哀五年夏，齊侯伐宋。

是夏，晉趙鞅帥師伐衞。

哀六年冬，宋向巢帥師伐曹。

哀九年夏，楚人伐陳。

是年秋，宋公伐鄭。

哀十年夏，宋人伐鄭。

是年冬，楚公子結帥師伐陳。

哀十二年秋，宋向巢帥師伐鄭。

哀十三年夏，楚公子申帥師伐陳。

右百一，著例九十九，其變例二。

圍

隱五年冬十有二月，宋人伐鄭，圍長葛。承公子彄卒月。

僖六年秋，楚人圍許。

僖十九年秋，宋人圍曹。

僖二十三年春，齊侯伐宋，圍緡。

僖二十五年秋，楚人圍陳。

僖二十六年冬，楚人伐宋，圍緡。

僖二十七年冬，楚人、蔡侯、陳侯、鄭伯、許男圍宋。

僖二十八年冬，諸侯遂圍許。

僖三十年秋，晉人、秦人圍鄭。

文三年秋，楚人圍江。

宣三年秋，宋師圍曹。

宣九年冬十月，宋人圍滕。承衛侯卒月。

宣十二年春，楚子圍鄭。

宣十四年秋九月，楚子圍宋。爲葬曹文公月。

成九年冬十有一月，鄭人圍許。承葬齊頃公月。

襄四年冬，陳人圍頓。

襄七年冬，楚公子貞帥師圍陳。

昭十一年夏四月，楚公子棄疾帥師圍蔡。承殺蔡侯月。

昭二十三年春王正月，晉人圍郊。承叔鞅卒月。

定四年秋七月，楚人圍蔡。承公至月。

定十年夏，晉趙鞅帥師圍衛〔一〕。

哀元年春王正月，楚子、陳侯、隨侯、許男圍蔡。承即位月。

哀三年春，齊國夏、衛石曼姑帥師圍戚。

哀七年秋八月，宋人圍曹。承入邾月。

右二十四著例。

取

隱四年春王二月，莒人伐杞，取牟婁。爲弑君月。

隱六年冬，宋人取長葛。

僖三年夏四月，徐人取舒。承不雨月。

宣九年秋，取根牟。

右四著例。

〔一〕「晉趙鞅帥師圍衛」，宋本作「晉士鞅帥師圍衛」，據左傳、公羊、穀梁改。

西疇居士春秋本例卷第十八

涪陵崔氏

凡外事門

例時

救

閔元年春王正月，齊人救邢。例書正月。

僖元年春王正月，齊師、宋師、曹師救邢。例書正月。

僖六年秋，諸侯遂救許。

僖二十八年春，楚人救衛。

文三年十有二月，晉陽處父伐楚救江。承盟月。

宣元年秋，晉趙盾帥師救陳。

宣九年冬十月，晉郤缺帥師救鄭。承衛侯卒月。

宣十二年冬十有二月，衛人救陳。承滅蕭月。

成六年冬，晉欒書帥師救鄭。

襄十年冬，楚公子貞帥師救鄭。

哀七年冬，鄭駟弘帥師救曹。

右十一著例。

納

僖二十五年秋，楚人圍陳，納頓子于頓。

文十四年秋七月，晉人納捷，菑于邾，弗克納。承公至月。

宣十一年冬十月，楚子入陳，納公孫寧、儀行父于陳。入陳月。

昭十二年春，齊高偃帥師納北燕伯于陽。

哀二年夏四月，晉趙鞅帥師納衛世子蒯聵于戚。承衛侯卒月。

右五著例。

降

莊八年夏，郕降于齊師。

莊三十年秋七月，齊人降鄣。郕降于齊，郕自降也。齊人降鄣，劫而服之也。不正齊桓行霸而劫人以降，故加月以見譏。

右二，著例一，其變例一。

戍

襄五年冬，戍陳。

襄十年冬，戍鄭虎牢。

右二著例。

襲

襄二十三年冬十月，齊侯襲莒。承臧孫奔月。

右一著例。

殲

莊十七年夏，齊人殲于遂。

右一著例。

棄師

閔二年冬，鄭棄其師。

右一著例。

取師

隱十年秋，宋人、蔡人、衛人伐戴，鄭伯伐取之。

哀九年春王二月，宋皇瑗帥師取鄭，師于雍丘。承葬杞僖公月。

哀十三年春，鄭罕達帥師取宋，師于嵒。

右三著例。

遷邑

莊元年冬十月，齊師遷紀郱、鄑、郚。承陳侯卒月。

右一著例。

入郛

文十五年十有二月，齊侯遂伐曹，入其郛。承齊人歸叔姬月。

右一著例。

城

僖元年夏六月，齊師、宋師、曹師城邢。解見「城楚丘」。

僖二年春王正月〔二〕，城楚丘。楚丘，衞邑，齊人城之以封衞也。不言孰城，如桓意也。狄滅衞，桓公以爲恥，故春秋爲之諱，不書滅而書入。城楚丘以封衞，桓公不以爲功，故春秋不書其人，始終諱之

〔二〕「僖二年春王正月」，通志堂經解本作「僖二年春王二月」。

於存亡，曾不踰月而遂能城衛、邢之都云爾，蓋變例以見之也。詳具經解。也。定之方中、木瓜之詩，存則滅衛，城楚丘，不患不見於後世。又城邢與楚丘，獨以月志，見桓公之急

僖十四年春，諸侯城緣陵。

右三，著例一，其變例二。

葬

桓十年夏五月，葬曹桓公。故加月。

莊二十四年春王三月，葬曹莊公。故加月。

僖四年八月，葬許穆公。承公至月。

僖七年冬，葬曹昭公。

文六年春，葬許僖公。

文九年冬，葬曹共公。

宣十四年九月，葬曹文公。故加月。

宣十七年夏，葬許昭公。

成十三年冬，葬曹宣公。

襄六年秋，葬杞桓公。

襄十九年春，葬曹成公。

襄二十三年夏，葬杞孝公。

襄二十六年冬，葬許靈公。

昭元年秋，葬邾悼公。

昭三年五月，葬滕成公。故加月。

昭六年夏，葬杞文公。

昭十四年秋，葬曹武公。

昭十八年秋，葬曹平公。

昭十九年冬，葬許悼公。

昭二十四年冬，葬杞平公。

昭二十八年三月，葬曹悼公。故加月。

是年冬，葬滕悼公。

昭三十一年秋，葬薛獻公。

定三年秋，葬邾莊公。

定四年秋七月，葬杞悼公。承公至月。

定八年秋七月，葬曹靖公。承陳侯卒月。

是年九月，葬陳懷公。

定十二年夏，葬薛襄公。

哀四年十有二月，葬蔡昭公。

哀四年十有二月，葬滕頃公。承葬蔡昭月。

哀九年春王二月，葬杞僖公。故加月。

哀十年秋，葬薛惠公。

哀十一年冬十有一月，葬滕隱公。故加月。

哀十三年秋，葬許元公。

右三十四，著例二十五，其變例九。蓋僭禮而葬者，加月以見譏也。此變例者九，而四在曹，蓋曹雖小國，其出會叙盟，常居鄭、衛之後，邾、滕之前，以爲次國則不足，以爲小國則其尤也。故曹之爲例，與小國差異，宜其僭禮者獨多也。不然，曹固得從次國例耶？

西疇居士春秋本例卷第十九

涪陵崔氏

戎狄門

楚始見於春秋，稱荆。其後乃稱楚，蓋荆以州號，而楚以國號。其後日以强大，來慕禮義，其君臣、爵號、名氏自同乎中國，故春秋亦從而書之。自屈完來盟之後，楚於是例中國矣。吴亦夷狄之强也，然其君臣、爵號、名氏不自同乎中國，惟其行禮於中國，與其有援中國之功，則春秋從而進之，其它因其故俗而已，故吴終春秋之世夷也。

例月凡夷狄與内接而與中國同例者，各見本門。

公與盟

隱二年秋八月庚寅，公及戎盟于唐。凡外盟，例月；與戎盟，例時；公盟，例日；與戎盟，例月。春秋尊中國而賤夷狄，詳略之例然也。桓二年，公及戎盟，不日，是其例，此變例而加日，蓋以譏公之始與戎好也。

桓二年九月，公及戎盟于唐。

右二，著例一，其變例一。

滅中國

僖十年春王正月，狄滅溫，溫子奔衛。

襄十年春，公會諸侯，會吴于柤。夏五月甲午，遂滅偪陽。再言會吴，主吴也。於會主吴，則遂滅偪陽者，吴事也。不正諸侯從夷狄而滅中夏〔一〕，故加日以見譏。

昭三十年冬十有二月，吴滅徐，徐子章羽奔楚。先儒以徐爲夷，非也。春秋以中國，例書徐，而曰夷者，何也?

右三，著例二，其變例一。

〔一〕不正，宋本作「下正」，形近而訛。

入中國

莊十四年秋七月，荆入蔡。

閔二年十有二月，狄入衛。

定四年冬十有一月庚辰，吴入郢。入國甚矣。春秋之時，未有大國見入者。春秋略夷狄而曰吴之入郢，所以重大國之禍云爾，故變例以見之。詳具經解。

右三，著例二，其變例一。

敗中國

莊十年秋九月，荆敗蔡師于莘。

昭二十三年秋七月戊辰，吴敗頓胡、沈、蔡、陳、許之師于雞父。爲胡沈子滅日。

右二著例。

爲中國滅

僖十七年夏，滅項。

文十六年秋八月，楚人、秦人、巴人滅庸。

宣八年夏六月，楚人滅舒蓼。

宣十六年春王正月，晉人滅赤狄甲氏及留吁。

成十七年十有二月，楚人滅舒庸。

襄二十五年秋八月，楚屈建帥師滅舒鳩。

昭十七年八月，晉荀吴帥師滅陸渾戎。

右七著例。

國滅以君歸

宣十五年六月癸卯，晉師滅赤狄潞氏，以潞子嬰兒歸。春秋略夷狄，未有以日志者。蓋以爲有國之禍，莫重於見滅；人君之辱，莫甚於以歸。故特變例而加日，所以深警乎後世不肖之君，知以是爲恥耳。蓋曰夷狄之賤，猶且云爾，况於諸夏之有國乎？

右一著例。

弑君

襄二十九年夏五月，閽弑吴子餘祭。

昭二十七年夏四月，吴弑其君僚。

右二著例。

卒

襄十二年秋九月，吴子乘卒。

襄二十五年冬十有二月，吴子遏伐楚〔二〕，門于巢，卒。

昭十五年春王正月，吴子夷末卒。

定十四年夏五月，吴子光卒。

右四著例。

例時

中國與盟

僖二十年秋，齊人、狄人盟于邢。

〔二〕公、穀俱作謁，蓋遏、謁古音通用。

僖三十二年秋，衞人及狄盟。

文八年冬十月乙酉，公子遂會雒戎，盟于暴。解具「内大夫盟」下。

右三，著例二，其變例一。

中國與戰

昭十七年冬，楚人及吴戰于長岸。

哀十一年夏五月，公會吴伐齊。甲戌，齊國書及吴戰于艾陵。凡夷狄戰不日，此加日，見公與之戰也。且上言公會吴伐齊，而下言國書及吴戰，則公之與戰亦明矣。凡春秋之戰，不以公親之，尊親之道也。

右二，著例一，其變例一。

爲中國敗

僖三十三年秋，晉人敗狄于箕。

文十一年冬十月甲午，叔孫得臣敗狄于鹹。傳曰「長狄也」[一]，爲中國患，叔孫得臣射而殺之。夫不興師徒，以一人之力、一朝之間而能除中國患，春秋善焉，故詳録而加日。不言帥師而特加日，知傳之猶信也。

成十有二年秋，晉人敗狄于交剛。

昭元年六月，晉荀吴敗狄于太原。承邾子卒月。

右四，著例三，其變例一。春秋以戰敗爲有國之重事，而皆以日志。今夷狄之戰敗，猶不及月，何也？兵革固所以禦外侮也，則中國之與夷狄戰而敗之者，乃其常耳，故略也。

爲中國侵

僖三十二年夏四月，衛人侵狄。承鄭伯卒月。

右一，著例。

爲中國伐

莊三十年冬，齊人伐山戎。

[一] 公羊：「冬十月甲午，叔孫得臣敗狄于鹹。狄者何？長狄也。」穀梁：「冬十月甲午，叔孫得臣敗狄于鹹。不言帥師而言敗，何也？……傳曰：長狄也，弟兄三人，佚宕中國。」

僖十年夏，齊侯、許男伐北戎。

僖十七年春，齊人、徐人伐英氏。

宣三年春王正月，楚子伐陸渾戎。承郊牛月。

襄三年春，楚公子嬰齊帥師伐吴。

襄十四年秋，楚公子貞帥師伐吴。

襄二十四年夏，楚子伐吴。

昭四年秋七月，楚子、蔡侯、陳侯、許男、頓子、胡子、沈子、淮夷伐吴。爲滅賴月。

昭五年冬，楚子、陳侯、許男、頓子、沈子、徐人、越人伐吴。

昭六年秋九月，楚薳罷帥師伐吴。承雩月。

昭十二年冬十月，晉伐鮮虞。承公子憖奔月。

昭十五年，晉荀吴帥師伐鮮虞。

定四年秋七月，晉士鞅、衛孔圉帥師伐鮮虞。承劉卷卒月。

哀六年春，晉趙鞅帥師伐鮮虞。

右十四著例。

爲中國圍

文十二年夏，楚人圍巢。

右一著例。

侵中國

莊二十四年冬，戎侵曹。

僖十三年春，狄侵衛。

僖十四年八月，狄侵鄭。承沙鹿崩月。

僖二十一年，狄侵衛。

僖三十年夏，狄侵齊。

文四年夏，狄侵齊。

文九年夏，狄侵齊。

文十年冬，狄侵宋。

文十一年秋，狄侵齊。

文十三年冬，狄侵衛。

宣三年冬，狄侵齊。

宣四年夏六月，赤狄侵齊。承鄭弑君月。

右十二著例。

伐中國以歸附

隱七年冬，戎伐凡伯于楚丘，以歸。

莊十六年秋，荆伐鄭。

莊二十八年秋，荆伐鄭。

莊三十一年冬十月，狄伐邢。承子般卒月。

僖八年夏，狄伐晉。

僖二十四年夏，狄伐鄭。

成七年春王正月，吴伐郯。承鼷鼠食郊牛月。

哀六年春，吴伐陳。

右八著例。

圍中國

僖三十一年冬，狄圍衛。

右一著例。

救中國

僖十八年五月，狄救齊。承戰月。

哀十年冬，吴救陳。

右二著例。

執歸

哀四年夏，晉人執戎蠻子赤，歸于楚。

右一著例。

誘殺

昭十六年春，楚子誘戎蠻子，殺之。

右一著例。

相滅

昭十三年冬十月，吴滅州來。承葬蔡靈公月。

昭二十四年冬，吴滅巢。

右二著例。

相入

成七年八月，吴入州來。承盟馬陵月。

定五年夏，於越入吴。

哀十三年夏，於越入吴。

右三著例。

相敗

定十四年五月，於越敗吴于檇李。爲吴子卒月。

右一著例。

相伐

昭三十二年夏，吴伐越。

右一著例。

西疇居士春秋本例卷第二十

涪陵崔氏

内災異門

例日

日食

隱三年春王二月己巳，日有食之。

桓三年秋七月壬辰朔，日有食之，既。

桓十七年冬十月朔，日有食之。

莊十八年春王三月，日有食之。

莊二十五年六月辛未朔，日有食之。

莊二十六年冬十有二月癸亥朔，日有食之。

莊三十年九月庚午朔，日有食之。

僖五年九月戊申朔，日有食之。

僖十二年春王三月庚午，日有食之。

僖十五年夏五月，日有食之。

文元年二月癸亥，日有食之。

文十五年六月辛丑朔，日有食之。

宣八年秋七月甲子，日有食之，既。

宣十年夏四月丙辰，日有食之。

宣十七年六月癸卯，日有食之。

成十六年六月丙寅朔，日有食之。

成十七年十有二月丁巳朔，日有食之。

襄十四年二月乙未朔，日有食之。

襄十五年秋八月丁巳，日有食之。

襄二十年冬十月丙辰朔，日有食之。

襄二十一年九月庚戌朔，日有食之。

是年冬十月庚辰朔，日有食之。

襄二十三年春王正月癸酉朔，日有食之。

襄二十四年秋七月甲子朔，日有食之。

是年八月癸巳朔，日有食之。

襄二十七年冬十有二月乙亥朔，日有食之。

昭七年夏四月甲辰朔，日有食之。

昭十五年六月丁巳朔，日有食之。

昭十七年夏六月甲戌朔，日有食之。

昭二十一年秋七月壬午朔，日有食之。
昭二十二年十有二月癸酉朔，日有食之。
昭二十四年夏五月乙未朔，日有食之。
昭三十一年十有二月辛亥朔，日有食之。
定五年春王三月辛亥朔，日有食之。
定十二年十有一月丙寅朔，日有食之。
定十五年八月庚辰朔，日有食之。
右三十六，著例三十三，其闕日者三。

地震

文九年九月癸酉，地震。
襄十六年五月甲子，地震。
昭十九年夏五月己卯，地震。
昭二十三年八月乙未，地震。

哀三年夏四月甲午[一]，地震。

右五著例。

震電震廟附

隱九年三月癸酉，大雨震電。

僖十五年九月己卯晦，震夷伯之廟。

右二著例。

山崩

僖十四年秋八月辛卯，沙鹿崩。

右一著例。

星不見星隕

莊七年夏四月辛卯，夜恒星不見，夜中星隕如雨。

〔一〕「哀三年夏四月甲午」，宋本作「哀三年夏四月甲子」，據左傳、公羊、穀梁改。

右一著例。

災

桓十四年秋八月壬申，御廩災。

僖二十年五月乙巳，西宫災。

成三年二月甲子，新宫災，三日哭。

定二年夏五月壬辰，雉門及兩觀災。

哀三年五月辛卯，桓宫、僖宫災。

哀四年六月辛丑，亳社災。

右六著例。

例月

雨雪

隱九年三月庚辰〔一〕，大雨雪。爲挾卒月。

〔一〕「隱九年三月庚辰」，宋本作「隱九年三月庚寅」，據左傳、公羊、穀梁改。

桓八年冬十月，雨雪。

右二著例。

隕霜

僖三十三年十有二月，隕霜不殺草。

定元年冬十月，隕霜殺菽。

右二著例。

右雨雪隕霜，志時候之差，故自當月也。

例時

有年大

桓三年冬，有年。

宣十六年冬，大有年。

右二著例。

無麥禾

莊七年秋，無麥苗。

莊二十八年冬，大無麥禾。

右二著例。

李梅實

僖三十三年十有二月，李梅實。承隕霜月。

右一著例。

大水

桓元年秋，大水。

桓十三年夏，大水。

莊七年秋，大水。

莊二十四年八月，大水。承夫人入月。

莊二十五年秋，大水。

宣十年秋，大水。

成五年秋，大水。

襄二十四年秋七月，大水。承日食月。

右八著例。

旱

僖二十一年夏，大旱。

宣七年秋，大旱。

右二著例。

饑大

宣十年冬，饑。

宣十五年冬，饑。

襄二十四年冬，大饑。

右三著例。

有蜚

莊二十九年秋，有蜚。

右一著例。

有蜮

莊十八年秋，有蜮。

右一著例。

多麋

莊十七年冬，多麋。

右一著例。

有鸜鵒

昭二十五年夏，有鸜鵒來巢。

右一著例。

蝝生

宣十五年冬，蝝生。

右一著例。

獲麟

哀十四年春，西狩獲麟。

右一著例。

不著例

星孛

文十四年秋七月，有星孛入于北斗。

昭十七年冬，有星孛于大辰。

哀十三年冬〔一〕，有星孛于東方。

〔一〕「哀十三年冬」，通志堂經解本作「哀十三年冬十有一月」。

右三

雨雹

僖十年冬，大雨雹。

僖二十九年秋，大雨雹。

昭三年冬，大雨雹。

昭四年春王正月，大雨雹。

右四

無冰

桓十四年春正月，無冰。

成元年二月，無冰。

襄二十八年春，無冰。

右三

雨木冰

成十六年春王正月，雨木冰。

右一

螟

隱五年九月，螟。

隱八年九月，螟。

莊六年秋，螟。

右三

螽

桓五年秋，螽。

僖十五年八月，螽。

文八年冬十月，螽。

宣六年秋八月，螽。

宣十三年秋，螽。

宣十五年秋，螽。

襄七年八月，螽。

哀十二年冬十有二月，螽。

哀十三年九月，螽。

是年十有二月，螽。

右十

右六物不著例，於月有之則月志，於時有之則時志，志事之實，見災之久近與異之疏數也。

雩

桓五年秋，大雩。

僖十一年秋八月，大雩。

僖十三年秋九月，大雩。

成三年秋，大雩。
成七年冬〔一〕，大雩。
襄五年秋，大雩。
襄八年秋九月，大雩。
襄十六年秋，大雩。
襄十七年九月，大雩。
襄二十八年秋八月，大雩。
昭三年八月，大雩。
昭六年秋九月，大雩。
昭八年秋，大雩。
昭十六年九月，大雩。
昭二十四年秋八月，大雩。

〔一〕「成七年冬」，通志堂經解本作「成七年秋」。

昭二十五年秋七月，上辛，大雩，季辛，又雩。一月再雩，自當志日也。

定元年九月，大雩。

定七年秋，大雩。

是年九月，大雩。

定十二年秋，大雩。

右二十一

不雨

莊三十一年冬，不雨。

僖二年冬十月，不雨。

僖三年春王正月，不雨。夏四月，不雨。六月，雨。

文二年自十有二月，不雨，至于秋七月。

文十年，自正月不雨，至于秋七月。

文十三年，自正月不雨，至于秋七月。

右六

右雩者，求雨之祭。春秋之例，於雩而得雨，則書雩；雩而不得雨，則書不雨。爲災則書旱。故於書雩之年，未嘗書旱與不雨；書旱與不雨之年，未嘗書雩也。其例蓋於雩之月而雨，則以月志雩；於雩之時而雨，則以時志雩；於雩而不雨，則以時志不雨；於踰時而不雨，則又各以首月志不雨。其則自某月不雨至於某月者，志實不雨而已，非志雩而不得雨者也。僖公歷三時，三書不雨，而書六月雨，蓋僖公憂民閔雨，而數爲之雩。於雩而不雨，則書不雨以志其憂；於其得雨，則書雨以志其喜：書之詳，以見其勤也。文公歷三時不雨，而略曰自某月不雨至于某月。於文之世三見之，蓋文不憂民閔雨而不爲之雩。其不雨不以爲憂，其雨不以爲喜，書之略以志其怠也。故觀所書之詳略，以考二君之行事，則其爲例可見矣。

外災異門

月例

災

襄三十年五月甲午，宋災。宋伯姬卒，加日於災上，見伯姬以災死也。

昭九年夏四月，陳災。

昭十八年夏五月壬午，宋、衛、陳、鄭災。加日，見四國同日災也。

右三，著例一，其變例二。

時例

災疫也

莊二十年夏，齊大災。

襄九年春，宋災。

右二，著例。

火〔一〕

宣十六年夏，成周宣榭火。

右一，著例。

山崩

成五年夏，梁山崩。爾雅曰：「梁山，晉望也。」

右一著例。

大水

莊十一年秋，宋大水。

右一著例。

雨螽

文三年秋，雨螽于宋。

〔一〕通志堂經解本自「火」以後闕。

右一著例。

隕石六鶂退飛

僖十六年春王正月戊申朔，隕石于宋五。

是月，六鶂退飛，過宋都。

右各一二事以日月志而知例時者，外異例時也。然春秋晦朔，有事焉則書晦朔，謹終始也。志朔則不得不志月與日矣。又嫌二者之同日，故加是月以見之。凡事之嫌者，殊志也。

西疇居士春秋本例卷第二十

附録

陳振孫直齋書録解題

春秋經解十六卷，本例，例要一卷。

涪陵崔子方彦直撰。紹聖中罷春秋取士，子方三上書，乞復之，不報，遂不應進士舉。黄山谷稱之曰「六合有佳士曰崔彦直，其人不游諸公」，然則其賢而有守可知矣。其學辨三傳之是非，而專以日月爲例，則正蹈其失而不悟也。

（直齋書録解題卷三）

紀昀四庫全書總目春秋本例提要

春秋本例二十卷內府藏本

宋崔子方撰。是書大旨以爲聖人之書，編年以爲體，舉時以爲名，著日月以爲例，而日月之例又其本，故曰「本例」。凡一十六門，皆以日月時推之，而分著例、變例二則。州分部居，自成條理。考公羊、穀梁二傳，專以日月爲例，固有穿鑿破碎之病，然經書「公子益師卒」，左傳稱「公不與小斂，故不書日」，則日月爲例，已在二傳之前。疑其時去聖未遠，必有所受，但予奪筆削，寓義宏深，日月特其中之一例，故二家所説，時亦有合，而推之以概全經，則支離轇轕而不盡通。至於必不可通，於是委曲遷就，變例生焉。此非日月爲例之過，而全以日月爲例之過也。亦猶易中互體，未嘗非取象之一義，必卦卦以互體求象，則穿鑿遂甚耳。啖助、趙匡一埽諸例而空之，豈非有激而然，如王弼之棄象言易乎？子方此書，陳振孫書録解題稱「其學辨正三傳之是非，而專以日月爲例，則正蹈其失而不悟」，所論甚允。然依據舊傳，雖嫌墨守，要猶愈於放言高論，逞私臆而亂聖經。説春秋者，古來有此一家，今亦未能遽廢焉。

（四庫全書總目卷二七）

納蘭容若涪陵崔氏春秋本例序

以例説春秋，著於録者，鄭衆、劉寔之牒例，何休之謚例，穎容、杜預之釋例，荀爽、劉陶、崔靈恩之條例，方範之經例，范寧之傳例，吴略之詭例，劉獻之之略例，韓滉、陸希聲、胡安國之通例，啖助、丁副之統例，陸淳之纂例，韋表微、成元、孫明復、葉夢得、吴澄之總例，李瑾之凡例，劉敞之説例，馮正符之志例，劉熙之演例，趙瞻之義例，張思伯之刊例，王晳之明例，陳德寧之新例，王炫之門例，李氏之異同例，程迥之顯微例，石公孺之類例，家鉉翁之序例，而梁之簡文帝、齊晉安王子懋皆有例苑，刁氏有例序，張大亨有例宗。杜氏之言曰：「爲例之情有五」，推此以尋經傳，王道之正、人倫之紀，備矣。而説公羊者，則有五始、三科、九旨、七等、六輔、二類、七缺之義，毋乃過於紛綸與？涪陵崔彦直嘗與蘇、黄諸君子游，知滁州日，曾子開曾爲作記，刻石醉翁亭側，其説春秋有經解十二卷，本例二十卷。建炎中，江端友請下湖州，取彦直所著春秋傳藏秘書省，於是其孫若上之於朝。今其經解不可得見，而本例獨存其説，以爲聖人之書，編年以爲體，舉時以爲名，著日月以爲例。春秋固有例也，而日月之例，蓋其本。乃列一十六門，而皆以日月時例之。其義約而該，其辭簡而要，可謂善學春秋者也。題曰「西疇居士」者，殆書成於晚年罷官之日與？康熙丙辰納蘭成德容若序。

（通志堂經解本春秋本例卷首）

朱彝尊涪陵崔氏春秋本例序

涪陵崔子方彦直，自稱西疇居士，嘗與蘇、黄諸君子游。知滁州日，曾子開曾爲作記，刻石醉翁亭側。其説春秋有經解十二卷，本例二十卷。建炎中，江端友請下湖州，取所著春秋傳，儲祕書省，于是其孫若上之于朝。今其解不可得見，惟本例獨存，序之曰：

以例説春秋，自漢儒始。曰牒例，鄭衆、劉寔也。曰諡例，何休也。曰釋例，潁容、杜預也。曰條例，荀爽、劉陶、崔靈恩也。曰經例，方範也。曰傳例，范甯也。曰詭例，吴略也。曰略例，劉獻之也。曰通例，韓滉、陸希聲、胡安國、畢良史也。曰統例，啖助、丁副、朱臨也。曰纂例，陸淳、李應龍、戚崇僧也。曰總例，韋表微、成元、孫明復、周希孟、葉夢得、吴澂也。曰凡例，李瑾、曾元生也。曰説例，劉敞也。曰忘例，馮正符也。曰演例，劉熙也。曰義例，趙瞻、陳知柔也。曰刊例，張思伯也。曰明例，王晳、王日休、敬鉉也。曰新例，陳德寧也。曰門例，王鎡、王炫也。曰地例，余嘉也。曰會例，胡箕也。曰斷例，范氏也。曰異同例，李氏也。曰顯微例，程迥也。曰類例，石公孺、周敬孫也。曰序例，家鉉翁也。曰括例，林堯叟也。曰義例，吴迂也。而梁之簡文帝，齊晋安王子懋，皆有例苑；孫立節有例論；張大亨有例宗；劉淵有例義；刁氏有例序：繩之以例，而義益紛綸矣。彦直之論，謂聖人之書，編年以爲體，舉時以爲名，著日月以爲例。春秋固有例也，而日月之例，蓋其本。乃列一十六門，而皆以月日時例之，亦一家之言云爾。

（曝書亭集卷三四）

周中孚鄭堂讀書記

春秋本例二十卷，通志堂經解本。

宋崔子方撰。子方字彥直，一字伯直，號西疇居士，涪陵人。嘗知滁州，罷官後隱居真州六合縣。四庫全書著録書録解題作「本例，例要一卷」，通考同，蓋俱脱去本例卷數，宋志作「春秋本例例要二十卷」，卷數雖不誤，而又誤脱例要之卷數。朱氏經義考尚襲宋志之誤，止于「本例」下空一字，與通考同。蓋例要久佚，今館臣從永樂大典録出一卷，足正從前之誤矣。是編卷一爲例目，卷二以下爲本書，大旨謂春秋之例，以日月爲本，乃條分縷析，定爲王門、王后門王姬附、王臣門、王事門、公門、子門、夫人門、内女門、内大夫門、宗廟郊祭門、戎事門、内事門、外事門、戎狄門、内災異門、外災異門十六類，而皆以月日時例之，皆考之春秋之法，權事之輕重而著之爲例。若夫事有疑于其例者，則備論焉，蓋公羊、穀梁之學也。按以例説春秋，自漢儒始，而後之爲例者，更僕難數。夫繩之以例，而義益紛紛矣。彦直此書，亦不過一家之言而已。前有自序及納蘭容若重刊序，朱竹垞曝書亭集有是書序，而此本不載，蓋作于刊經解後云。

（鄭堂讀書記卷十）

中外哲學典籍大全·中國哲學典籍卷

已出版書目

《關氏易傳》《易數鈎隱圖》《删定易圖》，劉嚴點校。

《周易口義》，〔宋〕胡瑗著，白輝洪、于文博、［韓］徐尚賢點校。

《周易玩辭》，〔宋〕項安世著，杜兵點校。

《周易内傳校注》，〔清〕王夫之著，谷繼明、孟澤宇校注。

《周易外傳校注》，〔清〕王夫之著，谷繼明校注。

《易説》，〔清〕惠士奇著，陳峴點校。

《易漢學新校注（附易例）》，〔清〕惠棟著，谷繼明校注。

《周易學》，曹元弼著，周小龍點校。

《讀禮疑圖》，〔明〕季本著，胡雨章點校。

《王制通論》《王制義按》，程大璋著，吕明烜點校。

《春秋釋例》，〔晉〕杜預著，徐淵整理。

《春秋尊王發微》，〔宋〕孫復著，趙金剛整理。

《春秋集注》，〔宋〕張洽著，蔣軍志點校。

《春秋權衡》，〔宋〕劉敞著，吕存凱、崔迅銘、楊文敏點校。

《春秋本例》，〔宋〕崔子方著，侯倩點校。

《春秋集傳》，〔宋〕張洽著，陳峴點校。

《春秋師説》，〔元〕黄澤著，〔元〕趙汸編，張立恩點校。

《春秋闕疑》，〔元〕鄭玉著，張立恩點校。